흩 어 진 돈 을 목 적 별 로 키 워 주 는 돈 관 리 비 법

고득성의
인생은
돈관리다

고득성의 인생은 돈 관리다

초판 1쇄 발행 2010년 9월 1일
초판 7쇄 발행 2011년 8월 1일

지은이 고득성
펴낸이 김선식

1st Creative Story Dept. 변지영, 신현숙, 이정, 양지숙, 송은경
Creative Marketing Dept. 모계영, 이주화, 김하늘, 정태준, 신문수
       Communication Team 서선행, 박혜원, 김선준, 전아름
       Contents Rights Team 이정순, 김미영
Creative Design Dept. 최부돈, 황정민, 박효영, 김태수, 손은숙, 이명애
Creative Management Team 김성자, 김미현, 정연주, 서여주, 권송이

펴낸곳 (주)다산북스
주소 서울시 마포구 서교동 395-27
전화 02-702-1724(기획편집) 02-703-1725(마케팅) 02-704-1724(경영지원)
팩스 02-703-2219 **이메일** dasanbooks@hanmail.net
홈페이지 www.dasanbooks.com
출판등록 2005년 12월 23일 제313-2005-00277호

필름 출력 스크린 그래픽센타 **종이** 월드페이퍼(주) **인쇄·제본** (주)현문

ISBN 978-89-6370-420-3 (03320)

흘어진 돈을 목적별로 키워주는 돈 관리 비법

고득성의
인생은
돈관리다

고득성 지음

다산
북스

최근 나는 살 찐 내 모습에 깜짝 놀랐다. 군대에서 장교로 제대한 이후 체력만큼은 끄떡없다는 안일한 생각에 몸 관리에는 도통 신경을 못 쓴 것이 원인이었다. 밤낮없이 일하면서, 가리지 않고 잘 먹고 운동은 거의 하지 않았더니 몸도 그에 따라 변해버린 것이다. 물론 주변 사람들은 풍채가 참 좋다며 듣기 좋은 말을 해준다. 하지만 내가 원하는 몸이 아니었다. 더군다나 매년 하는 정기검진에도 어느 해부터인가 적신호가 켜지기 시작했다. 나는 더 이상 내 몸을 방치해둘 수 없었다. 뒤늦게나마 '내 몸 관리'를 해야겠다고 결심했다. 적신호의 첨병이었던 지방을 줄이고 근육을 키워 탄탄하고 건강한 몸을 만들기 위해 운동을 시작했다. 그런데 운동을 시작한 지 어언 반년이 지났건만 가장 심각한 뱃살 지방은 줄어들 기미가 보이지 않았다. 저울에 오르며 실망한 적도 여러 번이다

보니 운동을 거르는 날도 점차 늘었고 운동을 한다는 명목으로 폭식을 하기도 했다. 그런 후에는 여지없이 저울의 무게는 다시 예전으로 아니 그 이상으로 되돌아왔다. 요요였다. 단지 열심히만 한다고 되는 게 아니라는 생각이 나를 사로잡았다. 나와 동일한 선상에서 출발한 사람들의 몸매는 하루가 다르게 달라지는데 나만 제자리걸음을 하고 있다는 것은 내 건강 관리법에 문제가 있다는 것이 아니겠는가? 결국 나는 체계적인 건강 관리법을 배우는 것이야말로 인생의 후반전을 맞이하는 겸손한 자세라고 인정하게 되었다.

나는 이 원고를 탈고할 무렵부터 몸 관리를 체계적으로 도와줄 트레이너를 고용해 함께 운동을 했다. 트레이너와 함께 목표를 세우고 계획에 따라 몸 관리를 시작한 것이다. 트레이너의 지침에 따라 멀리해야 할 것들은 멀리하고 또 반드시 해야 할 것들은 반복함으로써 핵심근육을 조금씩 키워갔다. 트레이닝을 받은 지 이제 한 달이 갓 넘었지만 혼자 운동할 때에는 미처 알지 못했던 많은 것을 체득하게 되었다. 올바른 방법을 알고 열의와 시간을 투자하는 것이 중요하다는 사실을 몸소 알게 된 것이다.

우리 인생의 많은 부분을 차지하고 있는 돈 관리도 이와 비슷하다. 정신없이 살림살이를 키우다 보면 어느 순간 당신의 재산목록에는 불필요한 군살이 덕지덕지 붙어있을지도 모른다. 아니면 주택담보대출이나 할부금, 카드빚으로 인하여 당신의 재정상태에도 적신호가 켜졌을지 모른다. 당신은 내가 그랬던 것처럼 현재 심각한 과체중임에도 불구하고 오히려 풍채가 좋아 보인다는 말에 자각을 못하고 있지는 않은가? 값비싼 옷으로 군살을 치장하며 오히려 잘 사는 사람처럼 보이고 있지는 않은가?

돈 관리는 육체건강, 정신건강을 관리하는 것 못지않게 중요하다. 우리 인생에 비록 돈이 넘쳐나진 않을지언정 돈 걱정 없이 돈이 필요할 때 돈이 있다면 그것이 바로 행복이다. 탄탄한 몸을 만들기로 결심한 나처럼 당신이 지금부터 체계적으로 돈 관리를 하고자 한다면 나쁜 돈은 멀리하고 좋은 돈은 가까이해야 하며 올바른 돈 관리법을 실행에 옮겨야 한다. 잠시 몇 년 남들과 다르게 살 결심을 한다면 정말 몇 년 후에는 남들과 전혀 다른 삶을 살고 있는 당신을 발견하게 될 것이다.

탄탄한 근육과 같은 경제력을 원하며 돈 걱정에서 해방되고 싶다면 이 책을 당신의 돈 관리 트레이너로 고용하기 바란다. 한 번만 읽고 덮어버리지 말고 여러 번 읽으며 돈 관리 시스템을 당신의 것으로 만들어 핵심근육인 5대 자산을 만들기를 소망한다. 당신이 이 책의 지침을 하나씩 실행해나간다면 빚은 점차 줄어들고 반드시 필요한 핵심자산이 조금씩 불어나 궁극적으로 건전한 재정상태를 얻게 될 것이다. 건강한 돈 관리야말로 인생이 행복해질 수 있는 중요한 통로 중 하나라고 확신한다.

사실 출판사의 의견에 따라 책 제목에 '고득성'이라는 이름을 넣은 것이 저자로서 부담이 된다. 그럼에도 불구하고 그렇게 한 이유는 이 책은 나 스스로에게 하는 '약속'인 동시에 독자들에게 하는 '약속'과 같기 때문이다. 《고득성의 인생은 돈 관리다》를 세상에 내놓는 지금! 나는 정말 흐뭇하고 감사하다. 나와 오늘을 함께 살아가는 독자들에게 꼭 필요한 돈 관리 방법에 대한 책을 썼다고 확신한다. 또 이 책을 읽으며 실천하는 분들에게 도움을 줄 수 있다고 확신한다.

기업회계와 개인금융 분야를 넘나들며 전문지식과 경험을 얻게 해준 이 사회에 빛을 갚을 수 있다는 사실에 감사하다. 사회에서 나에게 준 지식과 경험이 없었다면 이 책은 빛을 볼 수 없었을 것이다. 또한 이 책을 통해 이제까지 나의 전작을 읽으며 구체적인 돈 관리 해법을 찾던 독자들의 마음을 조금이나마 시원하게 해결해줄 수 있어 감사하다. 독자가 없는 책은 있을 수 없다. 독자들은 나의 콘텐츠이며 모티베이션이다. 이 책의 저자는 바로 독자들이다.

내가 몸담고 있는 스탠다드차타드제일은행의 소매금융을 이끄시는 김영일 부행장님을 비롯한 임직원과 7년 동안 함께해온 다산북스의 임직원들께 고개 숙여 감사드린다. 또한, 가장 큰 힘이 되어준 건 바로 아내 현숙과 재현, 상현 두 아들이다. 가족은 내가 살아가는 의미이며 기쁨이다. 마지막으로, 늘 무한한 지혜와 앞을 내다보는 통찰력을 허락하신 하나님 아버지께 모든 영광을 돌려드린다. 내 지혜는 짧다. 우둔하다. 그러나 하나님은 그런 나를 사용하신다. 감사할 뿐이다.

고득성

머뭇거리지 말고 꿈을 향해 나아가라

사람에게는 누구나 꿈이 있다. 어린 시절 철 모르고 꾸던 꿈부터 청년시절 의욕을 다지며 소망했던 꿈, 중년의 소박한 꿈 등 여러 가지 꿈이 있다. 꿈이 없는 인생은 죽은 인생이나 마찬가지다. 무언가 간절히 하고 싶고, 갖고 싶고, 되고 싶은 욕구, 세상에 공헌하고 싶은 욕구, 이러한 욕구의 또 다른 이름인 꿈은 사람들의 내면에 언제나 숨어 있다. 하지만 마음속 깊이 소원하는 바와 우리가 처한 현실이 다르기에 안타깝게도 자신이 꿈꾸는 대로 인생을 사는 사람은 많지 않다.

그런데 현실적으로 우리의 꿈을 가로막고 있는 가장 큰 장벽이 무엇인 줄 아는가? 보통의 사람들은 얘기한다. 바로 '돈'이라고. 한 번 돈 걱정의 마수에 사로잡히기 시작하면 꿈에 대한 열정도 소망도 자취를 감춰버리고 만다. 현실의 돈 걱정에 시달리는 사람은 온통 돈에 사로잡혀 자기 내면을 살필 시간이 부족하고, 진정으로 자신이 원하는 바를 돈 부족을 핑계로 포기해버린다. 중년의 어떤 분은 이를 두고 "가족을 위해 희생하고 있다."라고 말하며 본인의 인생을 몹시 안타까워했다. 그러면서 그가 덧붙인 단 한마디는 "그놈의 돈 때문에……."였다.

실제로 많은 사람들이 자신이 좋아하는 일을 하고 싶어도 선뜻 하지 못하는 이유가 바로 돈 때문이라고 이야기한다. 돈이 없거나 부족하기 때문이라는 이유를 든다. 돈 때문에 원하는 일을 하고 싶어도 하지 못하고, 그러다 보니 돈 때문에 하기 싫은 일을 억지로 하는 일이 생기는 것이다. 혹시나 당신의 현재 상태가 이와 같다면 당신의 삶에서 돈이 상당히 높은 위치에 올라 서 있는 것이다.

당신이 돈에 대하여 무지하다면 그것만큼 불행한 일은 없다. 돈이 부족해 곤궁에 처할수록 돈이 차지하는 위치는 점점 더 높아질 것이다. 더욱이 돈 문제에 맞서서 해결하려 하기보다 마냥 회피하고 지연시키기만 한다면 더욱더 돈의 마수에 빠져들 수밖에 없다. 결국 돈이 당신 인생의 주인이 되어버리는 셈이다. 자신이 좋아하는 꿈을 생각하며 그 꿈을 이루기 위해 돈을 벌어 행복한 삶을 사는 것이 아니라 현실의 돈 문제에 치여 인생의 '돈 감옥' 속에 갇혀 사는 것이다.

물론 돈만 있으면 행복하다는 물질만능주의에 빠져 돈을 짝사랑하는 사람에게도 결코 돈은 따라붙지 않는다. 나는 "돈! 돈! 돈!" 안달하며 알뜰살뜰 애써 모은 돈이 아이러니하게도 반 토막 나거나 어디론가 사라져버리는 경우를 종종 봤다. 아껴 쓰고 모은다 생각했는데도 머릿속에서 생각하던 재정계획이 송두리째 물거품이 돼버리고 만 것이다. 절약한 것이 잘못된 것이 아니라 욕심에 눈이 어두워 우선순위를 착각한 것이다. 자기가 번 돈으로 무엇을 하고 싶고, 또 해야 하는지도 모른 채 넘쳐나는 재무정보 속에서 이리저리 휩쓸린 결과다. 이것저것 해본답시고 뛰어다니지만 욕심만으로 되지 않는 게 또 인생이다. 그들은 주식이든지 아파트든지 무엇이 뜬다는 얘기만 들으면 금세 뛰어들고, 때를 기다리지 못하고 조금만 가격이 하락해도 조바심을 내며 팔아치우곤 한다. 결국 돈을 관리하지 못하고 돈에 지배당하는 셈이다. 돈을 너무 사랑한 것이 잘못이다. 돈은 결코 사랑의 대상이 아니다. 오히려 차갑게 관리해야 할 대상이다.

돈에 책임을 질 때 돈은 모이기 시작한다

우리는 돈을 제대로 알고 관리해야 한다. 나는 당신이 돈의 노예가 되지 않고 돈을 잘 관리해서 진정으로 원하는 꿈을 성취할 수 있는 구체적인 돈 관리를 계획하고 실천할 수 있기 바란다. 돈 때문에 꿈을 잃어버린 사람들의 대부분은 돈에 대한 부정적인 편견에 사로잡혀 있다. 가령, 돈을 무조건 더럽다고 터부시하거나 가난이 정의롭다는 생각이 깊이 뿌리내린 경우를 보게 된다. 그들은 돈 때문에 곤란에 빠졌던 기억을 지우지 못하고 오히려 돈에 대한 수동적이고 부정적인 편견이 오히려 갈수록 심해진다. '돈'이라는 말만 나와도 불편한 마음이 생겨 마냥 돈 관리를 회피하며 현실을 도피하는 선택을 하는 것이다. 그러다가 돈 문제가 너무 커져버리면 눈앞에 닥친 돈 문제와 삶의 소망 사이에서 갈팡

질팡하다가 결국 두 손 두 발 다 들고 가족과 지인들에게까지 폐를 끼치게 된다. 재정적인 독립을 하기 전까지 이런 편견은 우리 삶에 그다지 큰 차이를 가져오지 않는다. 그러나 우리가 재정적인 독립을 해야 한다면 환경과 상황이 아니라 우리의 재정적 선택이 우리의 재정상태를 결정할 것이기 때문에 하루 빨리 그런 편견을 버리는 것이 좋다. 돈 문제는 남들이 어떻게 해줄 수 있는 부분이 절대로 아니다. 돈 문제에 대한 책임이 나에게 있음을 제대로 인식하고 나서야 돈이 모이기 시작하는 법이다.

돈과 꿈을 연결하라

당신은 가장 먼저 돈에 대한 자신의 진짜 '소망'과 '필요'가 무엇인지 깊이 생각하며 그 꿈 ('소망'과 '필요')과 돈을 연결해야 한다. 앞으로 수년 아니 수십 년간 돈을 벌고 모으고 쓰며 살 텐데 그 돈에 대한 소망과 필요, 즉, 꿈이 없다는 것은 말이 안 된다. 당신이 갖고 싶다고 믿는 만큼 소유하게 되어 있다. 지금부터 당신이 바라는 꿈을 향해 머뭇거리지 말고 한걸음씩 나아가라. 그렇게 한다면 당신의 재정상태는 당신이 바라는 대로 바뀔 것이다. 가능한 한 아주 구체적으로 생각하라. 그 꿈들을 반드시 적어보고 실행하라. 당신이 바라는 것들을 당신은 갖게 될 것이다. 많은 사람들은 몇 개월 내에 고수익을 거두는 데에만 관심을 가질 뿐 오랜 기간 지속해야 얻을 수 있는 소망의 성취에 대해서는 과소평가한다. 꿈을 명확히 하고 돈과 꿈을 연결해 나간다면 단기적으로는 아무 진전이 없는 것 같지만 인내의 시간이 지나고 나면 꿈이 이루어져 큰

머니트리가 우뚝 솟아 있을 것이다. 그 이유는 꿈과 목적을 명확히 하고 시간을 바라보는 지평이 긴 사람일수록 불필요한 것은 하지 않고 꼭 필요한 것만 하기 때문이다. 매일매일의 선택이 하나둘씩 모여 큰 결과물을 얻게 된다.

돈에 대한 꿈이 없는 사람은 본인에게 주어진 수많은 기회와 시간을 활용하지 못하기 때문에 재정적인 한계선 내에서 안주하기 십상이다. 돈을 벌 때에도 "나는 아무리 노력해도 이것 이상은 벌 수 없어."라고 선을 긋고, 지출에 있어서도 "사람이 이 정도도 안 쓰고 어떻게 살아?"라며 그 선을 뛰어넘을 생각조차 하지 않는다. 그렇지 않다. 당신에겐 무한한 가능성이 있다. 당신에게 돈이 필요한 이유와 소망을 적어보기 바란다. 당신이 돈과 꿈을 연결하는 순간 젊은 시절 꿈이 되살아나면서 앞으로 무엇을 하고 싶고, 갖고 싶고, 어떤 사람이 되고 싶은지 더 정확히 알 수 있다.

현재 당신의 재정상태, 즉 재산목록과 빚을 살펴보라. 현재 처해 있는 재정상황은 당신이 가진 생각과 신념으로 과거에 수많은 선택을 한 결과들이 모여 이루어진 것임에 틀림없다. 당신의 재정상태는 훌륭한 선택, 기쁨을 가져다주는 결정의 부산물일 수도 있지만, 반대로 당신의 발목을 잡으며 수입을 블랙홀처럼 빨아들이는 선택이었을 수도 있다. 지금 당신의 재산목록으로 포장된 돈이 당신이 과거에 내린 수많은 선택의 부산물인 것처럼 5년 후, 10년 후 당신의 재정상태는 지금부터 당신이 어떤 선택을 할 것인지에 따라 달라지게 될 것이다. 인생의 모든 일에 올바른 선택을 해야 후회가 없는 결과를 얻을 수 있듯이 당신의 꿈을 돈과 제대로 연결한 상태에서 소망을 선택해야 훌륭한 재정상태를 얻게 되는 것이다. 물론 당신이 어떤 선택을 하든 당신 스스로가 내리는 결정이다. 어느 책에서 말한 것처럼 내가 만들지 않은 인생은 없기 때문이다.

● 차 례 ●

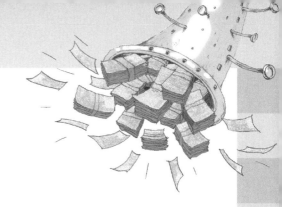

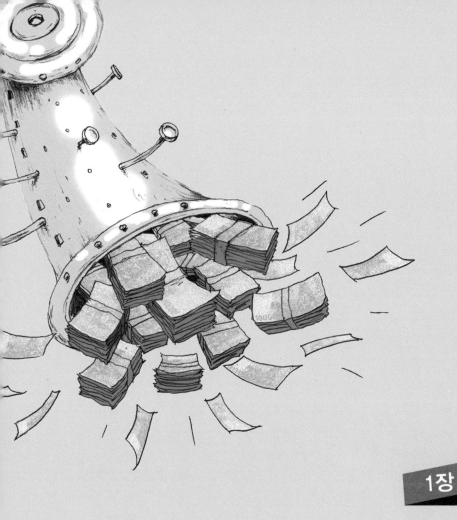

1장

좋은 돈은 가까이하고
나쁜 돈은 멀리하라

돈이 있어도 이상이 없는 사람은
몰락의 길을 밟는다.

— 도스토예프스키

모든 돈 관리 자신이 땀 흘려 번 수입에서 시작한다. 당신이 버는 수입만 잘 관리하고 활용해도 돈에 휘둘리지 않는 인생을 살 수 있다. 하지만 많은 사람들이 돈을 버는 데에만 급급했지, 그 돈을 어떻게 관리하고 써야 하는지 잘 몰라 돈의 노예로 전락하고 만다. 돈을 더 많이 벌어서 부족한 것을 채운다는 생각은 위험하다. 수입보다 중요한 것은 돈 관리다.

현재 하는 일에서
돈 관리는 시작된다

바둑에서 고수가 되려면 의미 있는 곳에 포석을 잘해야 한다. 단수를 치며 따먹기에만 급급하다 보면 당장엔 이길 것 같지만 어느 순간 대마를 잡혀 끝내 지고 만다. 즉, 소탐대실이다. 이는 주로 하수가 하는 짓이다. 단기적인 욕심에 이끌려 핵심에서 멀어진 결과이다. 반면에 고수는 의미 있는 곳에 돌을 두며 작은 것을 주고, 큰 것을 얻어서 결국엔 승리한다. 돈 관리도 마찬가지이다. 하지 말아야 할 것은 피하고 핵심에 집중해야 한다. 이것이 내가 말하는 돈 관리 전략이다. 원하든 원하지 않든 우리는 돈을 벌고 쓰며 수많은 선택의 기로에 선다. 그 선택의 순간에 무엇을 선택하고 집중했느냐에 따라 당신이 서 있는 위치는 확연히 달라진다. 돈 관리 전략을 가진 사람은 버릴 것과 잡을 것을 명확히 구분한다. 당신의 수입을 의미 있게 포석하여 핵심자산에 집중해야 한다. 하지 말아야 할 것을 하지 않고 꼭 해야 하는 것에 집중하는 작은 선택이 모여 결과를 다르게 만들 것이다.

나는 당신이 버는 수입만 지혜롭게 잘 활용해도 재정적 삶이 평탄하리라 확신한다. 당신의 수입을 활용해서 핵심자산에 집중한다면 의외로 덜 투자하고도 더 많이 거두는 경험을 얻게 될 것이다. 돈을 잘 관리하고 키워나가는 사람들을 유심히 관찰해보라. 이들이 보통사람들보다 100배 더 열심히 일하는가? 아니면 100배 더 지능이 좋은가? 그렇지 않다. 그들은 맥을 잘 짚고 돈을 전략적으로 관리했기 때문에 좋은 성과를 얻은 것이다. 앞으로 당신은 돈을 더 많이 벌기 전에 돈을 어떻게 관리할지에 대한 자신만의 철학을 가져야 한다. 돈을 관리하는 원칙과 방법을 세우는 것은 빠르면 빠를수록 좋다. 그만큼 당신이 들여야 하는 재정적인 노력을 줄일 수 있기 때문이다.

대부분의 사람들이 돈을 벌기에만 혈안이 되어 있을 뿐, 돈을 벌기 위해 어디서부터 시작하는 것이 '정석'인지 생각하지 않는다. 그래서 실현되지도 못할 큰 수익의 유혹에 홀려 무작정 유행하는 재테크 방식을 따라가는 사람들이 많다. 현실을 냉정히 말한다면 투자를 통해 은행 금리 이상의 수익을 내는 것은 우리가 생각하는 것만큼 결코 쉬운 일이 아니다. 당신이 전업투자가가 아니라면, 그리고 투자에 대한 비범한 소질이 그다지 없는 것 같다면 더더욱 그렇다.

돈 관리의 처음 출발뿐만 아니라 지속적인 부의 성장을 위한 기본 축은 바로 당신의 생업에서 발생하는 '수입'이 되어야 한다. 직장이든 사업이든 자신이 하고 있는 일을 통하여 가정의 생계를 책임지는 사람들(이자나 배당, 임대소득과 같은 투자 소득으로부터 충분한 소득을 얻지 못하는 대다수의 사람들)에게 가장 중요한 무기는 단연코 바로 '자신이 하고 있는 일'과 일에서 나오는 '수입'이다. 젊은 사람일수록 매월 버는 수입의 가치와 기회비용을 아는 것이 매우 중요하다. 만일 당신의 현재 연봉이 5,000만 원이라면 당신은 10억 원의 정기예금을 가입하고 있는 것이나 마찬가지다. 반대로 당신이 1년 동안 돈을 벌지 않고 허송세월하는 것은 30년 후의 8억 5,000만 원의 노후자금을 포기한 셈이다. 그만큼 매월 당신이 벌어들이는 수입은 강력한 것이다.

앞으로 당신에게 흘러올 돈이 대략 얼마나 남았는지 생각해본 적이 있는가? 만약 당신이 65세까지 수입활동을 한다면, '(65 − 당신의 나이)×매월 수입×12개월'이 당신에게 흘러올 돈이다. 가령 35세에 매월 250만 원을 번다면 앞으로 당신에게 흘러올 돈은 9억 원이다. 물론 당신의 돈은 여러 변수에 따라 훨씬 많아질 수도 줄어들 수도 있다. 여기서 강조하고 싶은 것은 현재 당신은 돈이 들어오는 밀물의 시간대에 서 있다는 사실이다. 밀물의 시기에는 파도가 요동치며 들어오고 나감이 반복될지언정 갯벌을 가득 메워버릴 만큼 충분한 물이 들어온다. 바로 이 때, 즉 물이 들어올 때 노를 저어야 더 깊고 넓은 곳으로 나아갈 수 있다. 하지만 아이러니하게도 현실에서는 밀물의 시기를 모두 보낸 후, 썰물의 시기에 들어선 상당수 사람이 텅 빈 갯벌을 바라보며 돈의 노예가 되어 근근이 살고 있는 모습을 어렵지 않게 볼 수 있다. 참으로 안타까운 일이다. 돈 벌 때 잘해둘 걸 하고 후회해도 젊은 시절 놓쳐버린 기회는 나이가 들수록 다시 만나기 쉽지 않다.

생업에서 얻은 지폐 한 장이 큰돈 된다

그동안 내가 만나본 큰돈을 모은 사람들의 출발점도 바로 생업에서 얻는 수입에서 나오는 가장 작은 지폐 한 장이었다. 당신이 그리 중요하게 생각하지 않는, 매월 벌고 있는 소득의 씨앗을 히투루 뿌릴 때마다 당신의 미래를 키울 머니트리가 조금씩 시들어간다는 사실을 꼭 기억하라. 커다란 머니트리를 만든 부자들은 모두 돈의 씨앗 하나하나에서 거대한 머니트리가 만들어진다는 확고한 믿음에서 시작했다. 우선 좋은 밭을 고르고 자신의 생업에서 발생한 현금 수입을 하나씩 심었으며, 그것을 점차 머니트리의 열매 수입인 투자 소득으로 바꾸어갔다.

돈의 씨앗은 원금이라 볼 수 있다. 그런데 그 원금은 어떻게 조성되었을까? 대부분 원금은 자신의 분야에서 열심히 노력해 얻은 수입을 통해 만들어졌다. 자수성가한 부자들은 수입을 꾸준히 발생시켰고, 그 수입에서 신중하게 돈 관리를 해나가며 거대한 머니트리로 만들었다. 그렇다고 수입이 많은 사람만 큰 머니트리를 만들 수 있는 것은 아니다. 중요한 것은 씨앗이다.

만일, 월수입으로 1,000만 원을 버는 A는 매달 50만 원을 투자하고 월 수입으로 200만 원을 버는 B는 매달 100만 원을 투자할 수 있다면 A와 B 중 10년 후 누구의 머니트리가 더 크다고 생각하는가?

얼핏 보면 월수입이 많은 A일 것 같지만, 투자되는 돈의 씨앗으로 보면 B의 머니트리가 훨씬 더 커질 수밖에 없다. 비록 B가 수입은 적지만 매월 버는 수입의 중요성을 알고, 절약하면서 신중히 투자하여 A보다 더 많은 씨앗을 뿌리고 있다. 그러니 머니트리는 당연히 B의 것이 더 커질 수밖에 없다. 반면 A는 귀중한 원금에서 손해를 보거나 과소비를 일삼았기에 미래를 위한 씨앗을 많이 준비하지 못했다.

여기서 한 가지 꼭 집고 넘어가야 할 것이 있다. 많은 사람들이 자신이 번 돈의 정확한 금액을 제대로 알지 못할뿐더러 그 돈을 어떻게 활용해야 할지 전혀 모른 채 살아가고 있다. 평생 통장 한 번 제대로 관리해본 적 없는 사람이 그런 유형이다. 지금 자신이 버는 수입의 가치와 활용방법을 모르는 사람은 큰돈이 주어졌을 때도 돈 관리에 성공하기 어렵다. 적은 수입을 잘 관리하는 사람이 큰돈도 잘 굴리는 법이다. 일터에서의 수입이 한푼 두푼 모여 큰돈이 되고 큰돈이 떼굴떼굴 굴러 수동적 수입이 되며, 수동적 수입이 성공을 지원할 것이다.

그럼에도 불구하고 아직 재테크 이익과 일터에서의 수입을 두고 우선순위를 정하지 못하며 자기계발을 게을리하는 사람이 많다. 참으로 답답한 노릇이다. 당신이 매일 자기계발을 통해 하루에 0.1%의 성장을 한다고 가정하자. 그러면 1년 동안 당신은 36.5%의 놀라운 자가발전을 통한 수익을 얻게 되는 셈이다. 자! 10년 동안 당신이 노력한 결과는 어떨까? 굳이 돈으로 환산하여 입증해본다면 당신은 22억 원을 소유하게 되는 셈이다. 이는 다음의 표에서 보는 것처럼 재테크로 연 5%, 연 10%를 통해 얻은 수익과는 비교가 되지 않는다. 본인이 스스로 경영하는 자기주식회사에서의 성공은 바로 다음과 같다. 놀랍지 않은가.

10년 자기계발 재테크 성과

투자 기간 (단위: 년)	예금 재테크	투자 재테크	자기계발 재테크
1	5%	10%	36.5%
2	5%	10%	36.5%
3	5%	10%	36.5%
4	5%	10%	36.5%
5	5%	10%	36.5%
6	5%	10%	36.5%
7	5%	10%	36.5%
8	5%	10%	36.5%
9	5%	10%	36.5%
10	5%	10%	36.5%
연평균 수익률	5.0%	10.0%	36.5%
최초 원금	1,000만 원	1,000만 원	1,000만 원
10년 후 원리금	16,288,956원	259,374,246원	2,245,569,566원

당신이 선택한 일은 '재정적으로 성공'하는 데 굉장히 중요한 역할을 한다. 따라서 당신이 지닌 재능과 열정, 소질, 경험을 당신이 선택한 의미 있는 일에 투자한다면 엄청난 집중력이 발휘되어 더 많은 성과와 보수를 얻게 될 것이다.

당신이 소망하는 것을 위해 처절하리 만큼 부딪혀 얻어내라. 여기에는 반드시 행동이 수반되어야 하며, 열심히 뛰어야 한다. 남보다 두 배, 아니 세 배 이상 당신의 스케줄을 소화해나가야 한다. 그러다 보면 삶에 여유가 생기고 일의 숙련도가 높아지며 두뇌는 더 창의적으로 활동하여

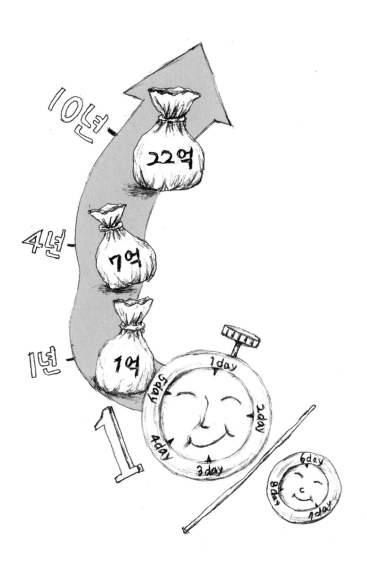

'선순환'의 흐름을 타게 된다. 한마디로 돈 걱정에 시달릴 일이 없어진다. 많은 사람들이 자기 생업에서 이러한 선순환의 기쁨을 누리지 못하고, 그저 막연하게 돈을 먼저 쫓아 현실감이 떨어지는 재테크에 매달리는 것이 정말 안타깝다.

시간과 돈은 비례한다

주변에서 돈 관리에 어려움을 겪거나 실패하는 경우의 대다수는 돈 관리를 바로 실행하지 않고 머뭇거리기 때문이다. 젊어서부터 하루라도 빨리 돈 관리를 시작하는 사람과 차일피일 실행을 미루는 사람은 처음 출발이 같았어도 10년 후, 20년 후, 마침내 노후에 다다랐을 때 재정 상태의 간극은 점점 더 벌어지며 차이가 좁혀지지 않는다. 20대는 청춘의 즐거움에 빠져서, 30대는 결혼과 육아를 핑계로 미래를 대비하는 것을 골치 아파한다. 그러나 젊은 시절에 당신이 놓쳐버린 세월이 미래의 당신에게 얼마나 가혹하게 돌아오는지 안다면 아마 생각이 달라질 것이다.

돈 관리를 하루라도 빨리 시작하는 것은 재정적인 성공을 위해서 가장 중요한 원칙이다. 빨리 시작하면 시작할수록 당신이 들여야 할 노력은 현격히 줄어든다. 다음 두 사람의 예는 이를 잘 보여준다.

베이비붐 시대에 태어난 A와 B는 서른 살 때 돈 관리의 중요성에 대한 특강을 함께 들었다. 강의를 듣고 나서 A는 곧바로 돈 관리를 시작하겠다고 결심한 반면 B는 눈앞에 닥친 일들을 핑계로 돈 관리 계획을 세우고 실행하는 것을 뒤로 미루었다. A는 35세까지 5년간 매월 100만 원을 적립식펀드에 투자했다. 그 후에는 투자원금 6,000만 원을 은퇴자금으로 활용하기 위해 65세까지 30년간 그대로 유지했다. 반면 B는 45세까지 15년 동안을 소비를 일삼으며 잘못된 재테크로 허송세월을 보낸 후 45세가 되어서야 뒤늦게 돈 관리를 시작하기로 결심했다. B는 자신이 무위도식한 15년을 보전하기 위해 45세부터 65세까지 20년 동안 매달 100만 원씩 총 2억 4,000만 원을 불입하였다. 다음의 생각을 갖고 말이다.

'비록 내가 뒤늦게 돈 관리를 시작했지만 A보다 네 배로 투자하면 내 은퇴자금은 그 친구보다 훨씬 많을 거야.'

35년이라는 세월이 지나 A와 B는 65세가 되었다. B는 비록 A에 비해 늦게 돈 관리를 시작했지만 네 배나 많은 돈을 투자했으니 더 많은 은퇴자금을 기대했다. 그런데 이게 웬일인가? A가 투자한 원금은 자신

구분	돈 관리	총 원금	65세 은퇴자금 평가액
A	30대부터 돈 관리 시작. 5년간 매월 100만 원 불입 후 30년 예치	6,000만 원	13억 5,000만 원
B	젊은 시절 허송세월하면서 보낸 후, 45세부터 20년간 매월 100만 원 투자	2억 4,000만 원	7억 6,000만 원

이 투자한 원금의 반에 불과한데, 결과는 A의 은퇴자금이 본인보다 거의 2배 가까이 많은 게 아닌가!

어안이 벙벙해진 B는 은행에 찾아가 그 이유를 물었다. 은행에서는 35년 동안 펀드의 투자수익률이 연복리 10%였고, A의 원금은 비록 1/4에 불과했지만 B보다 15년 일찍 돈 관리를 시작했기에 더 많은 은퇴자금을 모을 수 있다고 이야기하는 것이다. 나중에 더 많은 돈을 저축한다 하더라도 액수와 상관없이 먼저 저축해놓은 돈을 따라잡을 수는 없다. 이것이 바로 하루라도 빨리 돈 관리를 시작해야 하는 이유이다. 하루라도 빨리 돈 관리를 시작하면 그만큼 당신의 통장은 두둑해진다. 그렇게 시간을 최대한 활용하면 비록 적은 자금으로도 당신의 아름다운 미래를 설계할 수 있을 것이다.

역복리가 아닌
순복리를 활용하라

지금부터 당신 지갑 속의 세종대왕을 깨워보기로 하자. 하루 1만 원, 많다면 많고 적다면 적은 금액이다. 이 1만 원을 매일 저축한다고 할 때 얼마나 많은 돈을 복리로 모을 수 있을지 한 번 살펴보자. 하루에 1만 원, 1년이면 365만 원을 저축할 수 있다. 자투리 돈 1만 원이 얼마나 불어나는지 계산해보자.

매일 1만 원씩(1년 365만 원) 연 8% 복리수익률로 투자했을 때 (단위: 원)

투자 기간	원금	연 8% 원리금	복리수익
5년	1,825만	2,141만 3,094	316만 3,094
10년	3,650만	5,287만 5,953	1,637만 5,953
20년	7,300만	1억 6,703만 1,170	9,403만 1,170
30년	1억 950만	**4억 1,348만 3,721**	3억 398만 3,721

매일 1만 원씩(1년 365만 원) 연 12% 복리수익률로 투자했을 때

(단위: 원)

투자 기간	원금	연 12%	복리수익
5년	1,825만	2,318만 7,893	493만 7,893
10년	3,650만	6,405만 2,883	2,755만 2,883
20년	7,300만	2억 6,299만 1,415	1억 8,999만 1,415
30년	1억 950만	**8억 8,086만 4,298**	7억 7,136만 4,298

　　5년 정도 단기 투자했을 때에는 자투리 돈이 아무리 높은 복리라도 큰돈이 되지 않는다.(원금 1,825만 원이 2,141만 원에서 2,318만 원 정도로 불어나서 복리수익이 300~500만 원 정도이다.) 그러나 10년 이상 지속적으로 투자한다면 원금에 이자가 붙어 엄청난 돈으로 불어나는 것을 볼 수 있다. 20년, 30년 점점 시간을 지속하면서 늘려가며 늘어나는 수익은 상상 이상이다. 우리가 매일 허투루 쓸 수 있는 단돈 1만 원이지만 복리수익은 이렇게 '시간'이라는 자양분을 먹고 기하급수적으로 늘어나며 엄청나게 큰 머니트리로 성장한다.

　　이것이 바로 복리의 힘이다. 처음에는 머니트리의 성장속도가 느리고 답답하지만, 어느 순간, 즉 변곡점부터는 빠른 속도로 자라기 시작한다. 일정 시간이 지나면 그 속도는 점점 더 빨라진다. 당신의 지갑에 있는 1만 원 1장이 막강한 머니트리로 성장할 잠재력을 가진 하나의 돈 씨앗이라고 생각하면 된다. 이러한 돈 씨앗이 땅에 떨어져 당신이 잠잘 때, 일할 때, 밥 먹을 때, 공부할 때, 쉴 때에도 복리수익이라는 열매를 맺는 머니트리가 된다. 하루 1만 원으로 당신의 노후가 행복해질 수 있다. 4억이면 중소도시에서 편안한 노후를 보내기에 충분하고, 8억이면 서울에

서도 배우자와 행복하게 보낼 수 있는 금액이다.

모든 사람이 100% 복리효과를 누리고 있다?

지금까지는 복리의 긍정적인 면만을 살펴보았다. 이를 복리수익을 통해 형성된 복리자산이라고 한다. 그런데 여기서 질문을 하나 해보겠다. 우리는 현재 복리효과를 제대로 누리고 있을까?

모든 사람이 100% 복리효과를 누리고 있다. 못 믿겠는가? 혹시 복리의 역효과를 들어보았는가? 대부분의 재테크 책에서는 복리의 긍정적인 효과만을 이야기한다. 그런데 부자보다 가난한 사람이 더 많고, 중산층이 빈민층으로 전락한 지금의 현실에서는 복리의 역효과인 역복리 현상이 더 많이 발생하고 있는 것이 사실이다. 어떤 사람들은 복리효과로 복리자산을 만들지만 그렇지 못한 나머지 사람들은 역복리효과로 인생의 복리채무를 지고 산다.

역복리효과는 "당신의 지갑 안에 있는 돈은 흥미롭게도 한 번밖에 사용할 수 없다."라는 가정에서 출발한다. 당신은 애써 번 돈을 어디에 활용해야 할지 스스로 결정할 수 있다. 만일 당신의 1만 원을 어딘가에 사용하기로 결정했다면, 이제 그 1만 원은 더 이상 다른 곳에 사용할 수 없다. 당신이 빚을 갚거나 미래를 대비하는 데 1만 원을 활용하지 않고, 당장의 소비활동에 소모해버린다면 그로 인해 빚이 늘어나고 자산은 만들 수 없게 되는 것이다.

예를 들어, 하루에 1만 원씩을 은행에서 대출 받아 소비한다고 가

정하자. 더 이해하기 쉬운 예로 설명한다면 신용카드로 하루 1만 원, 한
달에 30만 원, 1년에 365만 원을 빌려 썼을 때 복리비용은 다음의 표와
같다.

매일 1만 원씩 연 8% 대출이자율로 빌렸을 때 복리채무와 복리비용

투자 기간	원금	8% 복리채무	복리비용
5년	1,825만 원	2,141만 3,094원	316만 3,094원
10년	3,650만 원	5,287만 5,953원	1,637만 5,953원
20년	7,300만 원	1억 6,703만 1,170원	9,403만 1,170원
30년	1억 950만 원	4억 1,348만 3,721원	3억 398만 3,721원

매일 1만 원씩 연 12% 대출이자율로 빌렸을 때 복리채무와 복리비용

투자 기간	원금	8% 복리채무	복리비용
5년	1,825만 원	2,319만 원	494만 원
10년	3,650만 원	6,450만 원	2,755만 원
20년	7,300만 원	2억 6,299만 원	1억 8,999만 원
30년	1억 950만 원	8억 8,086만 원	7억 7,136만 원

하루에 단돈 1만 원 빚을 졌지만 30년 후에는 수억 원을 빚진 셈이
된다. 수많은 금융회사, 쇼핑몰 업체, 자동차회사가 당신의 머니씨앗을
자기 것으로 만들려고 하고 있다. 반드시 명심하라. 돈은 단 한 번만 사
용할 수 있다. 미래의 당신 소득을 미리 당겨쓰는 어리석은 짓은 하지
말아야 한다. 금융회사의 복리수익은 당신의 복리지출이며, 자동차회사

의 복리자산은 당신의 복리채무이다. 신용카드회사나 할부회사는 이러한 사실을 잘 알기에 당신에게 카드를 권유하고 대출을 받으라고 권장한다.

당신이 복리로 대출받았을 경우 당신이 갚아야 할 원금의 두세 배를 더 갚아야 하는 사실을 알고 있는가? 당신은 복리가 가져올 무시무시한 피해를 분명히 알아야 한다. 자칫 잘못하면 당신의 수입을 복리로 빼앗아갈 대출업자의 희생양이 될 수 있다. 복리채무 속에 살다보면 당신의 소중한 목적자금은 당신의 삶에 전혀 도움이 되지 않는 금융회사의 뱃속으로 들어갈 것이다. 복리채무를 갚는 데 걸리는 시간과 노력은 처음 돈 씨앗을 만드는 노력의 배 이상이 들어간다.

순복리 인생을 사는 사람 vs 역복리 인생을 사는 사람

A, B, C 세 사람이 있다고 가정해보자. 그들은 하루에 똑같이 2만 원을 벌고 이들의 기본생계비가 1만 원이라고 가정하자. A는 매일 1만 원을 소비하고 1만 원을 B에게 연 8% 복리이자로 빌려줬다. B는 매일 수입 2만 원을 전부 소비하고 여기에 미래 소득을 담보로 매일 1만 원을 A로부터 빌려 소비했다. C는 매일 수입을 전부 써버렸다. 30년 후 이들의 재정상태는 어떻게 될까?

A의 재정상태표	
복리자산 4억 1,348만 3,721원	빚 0원

B의 재정상태표	
자산 0원	복리채무 4억 1,348만 3,721원
C의 재정상태표	
자산 0원	빚 0원

A의 복리자산은 결국 B의 복리채무가 되었다. 바로 A는 당신과 가까운 은행, 할부회사를 말한다. B는 돈의 노예가 되어 회생할 길이 없다. 복리채무가 1년에 33,078,697원(= 413,483,721 ×8%)부터 계속해서 그것도 복리로 증가하기 때문이다.

구분	복리채무 증가액	복리채무
30년차 말	–	4억 1,348만 3,721원
31년차 말	3,307만 8,698원	4억 4,656만 2,418원
32년차 말	3,572만 4,993원	4억 8,228만 7,412원
33년차 말	3,858만 2,993원	5억 2,087만 405원
34년차 말	4,500만 3,203원	5억 6,254만 037원
35년차 말	4,860만 3,459원	6억 754만 3,240원
36년차 말	5,249만 1,736원	6억 5,614만 6,699원
37년차 말	5,669만 1,075원	7억 863만 8,435원
38년차 말	6,122만 6,361원	7억 6,532만 9,510원
39년차 말	6,612만 4,470원	8억 2,655만 5,871원
40년차 말	7,141만 4,427원	8억 9,268만 340원
41년차 말	7,712만 7,581원	9억 6,409만 4,768원
42년차 말	8,329만 7,788원	10억 4,122만 2,349원
⋮	계속 증가	

C는 30년 후 자산도 빚도 없다. 30년 후에도 먹고살기 위해 일을 해야만 한다. 그러나 A는 평생 B로부터 받는 복리이자로 복리자산이 점점 늘어나 행복한 노후를 맞이할 수 있다.

모든 게임에는 규칙이 있다. 그 세계에서 벌어지는 다양한 활동 속에서 게임의 규칙을 모른다면 매우 위험한 상황에 처할 수 있다. 우리도 금융경제 환경 내에서 머니게임을 하는 것이나 마찬가지다. 여러 광고 매체에서는 우리가 감당할 수 있든 없든 상관하지 않고 과소비 생활양식을 받아들일 것을 독려한다. 남에게 뒤처지지 않게 허세를 부리라고 교묘히 부채질하며, 대출을 받아 고급 옷을 입고 최신 승용차를 사라고 속삭인다.

우리는 남들처럼 소비하지 않으면 뒤처지고 말 것이라는 두려움을 안고 살아가고 있다. 이러한 공포감을 줄이기 위해 우리는 돈을 쓰며, 우리 내면에 숨은 탐욕을 충족시키고 있다. 여기에 B나 C의 인생처럼 살 수밖에 없는 함정이 도사리고 있다.

복리의 긍정적인 원리뿐만 아니라 부정적인 복리채무 효과를 제대로 파악하여 돈의 씨앗을 소중히 다뤄야 한다. 당신은 복리의 원리를 활용해서 복리자산을 키우며 돈에서 자유로운 사람이 되고 싶은가? 아니면 역복리에 파묻혀 평생 복리부채를 갚으며 돈의 노예로 살고 싶은가? 어떤 인생을 살든 모든 것은 당신의 선택에 달렸다.

순복리의 마력에 빠져들어라

부자들은 돈을 하나의 씨앗으로 생각한다. 하루에 단돈 1만 원, 손가락 사이로 술술 빠져나가는 자투리 돈만 잘 잡고 있어도 우리는 돈 걱정에서 해방될 수 있다. 이를 좀더 현실적인 종자돈 만들기에 적용해보자. 하루 1만 원, 한 달 30~31만 원, 즉, 1년에 365만 원을 저축한다고 가정하자. 연 8% 복리 투자로 1억 원을 만들려면 몇 년이 걸릴까?

매일 1만 원 1장씩 지속하여 연 8%로 투자했을 때 1억 원이 되는 기간

투자 기간	1만 원	연 8%	복리수익
5년	1,825만 원	2,141만 3,094원	316만 3,094원
10년	3,650만 원	5,287만 5,953원	1,637만 5,953원
15.1년	5,504만 2,309원	1억 원	4,495만 7,691원
20년	7,300만 원	1억 6,703만 1,170원	9,403만 1,170원
30년	1억 950만 원	4억 1,348만 3,721원	3억 398만 3,721원

위의 표에서 보여주는 것처럼 무려 15.1년이 걸린다. 하루 1만 원씩 15년을 꾸준히 저축해야 1억 원이 되는 셈이다. 그런데 1억 원을 만들기 위해 15년 동안 참고 기다리기 힘들다면 어떻게 해야 할까? 1억 원의 머니트리를 좀더 빠른 속도로 키울 수 있는 방법은 없을까? 10년 이내에 또는 5년 이내에 그 기간을 앞당기는 방법 말이다. 당연히 가능한 방법이 있다. 당신이 심는 돈의 씨앗을 하루에 1만 원짜리 1장이 아닌 여러 장을 심으면 된다.

1일 저축액에 따른 1억 원 달성 기간

기간	1만 원	2만 원	3만 원	4만 원	5만 원
한 달	30만 4,167원	60만 8,333원	91만 2,500원	121만 6,667원	152만 833원
1년	3,65만 원	730만 원	1,095만 원	1,460만 원	1,825만 원
4.7년					1억 원
5년	2,141만 3,094원	4,282만 6,187원	6,423만 9,281원	8,565만 2,374원	1억 706만 5,468원
5.7년				1억 원	
7.1년			1억 원		
9.6년		1억 원			
10년	5,287만 5,953원	1억 575만 1,906원	15,862만 7,859원	21,150만 3,812원	26,437만 9,765원
15.1년	1억 원				
20년	1억 6,703만 1,170원	3억 3,406만 2,339원	5억 109만 3,509원	6억 6,812만 4,679원	8억 3,515만 5,848원
30년	4억 1,348만 3,721원	8억 2,696만 7,441원	12억 4,045만 1,162원	16억 5,393만 4,882원	20억 6,741만 8,603원

위의 표에서 하루 저축액을 1만 원에서 2만 원으로 늘리면 9.6년 만에 1억 원을 모을 수 있다. 또 3만 원으로 저축액을 늘리면 7.1년, 4만 원이면 5.7년, 5만 원이면 4.7년 만에 1억 원을 손에 쥘 수 있다. 이제 단돈 1만 원이 모여 엄청난 머니트리로 성장할 수 있다는 사실을 알겠는가? 자투리 돈에 대한 생각을 이제는 바꿔라. 작은 돈 여러 개가 모여 큰돈이 된다.

당신이 아무리 생활비와 교육비에 치여 힘든 삶을 산다고 해도 당신 형편에 맞게 최소한의 금액이라도 저축을 시작할 수 있다. 위의 표에서 백 번 양보하여 하루에 3만 원이 아닌 3천 원씩만 저축할 수도 있지 않을까? 하루에 3천 원씩 저축할 수 있다면 당신은 7년 안에 1,000만 원의 종자돈을 만들어 운용할 수 있다. 돈의 비밀이 여기에 있다. 좀더 나아가 하루 3천 원 씨앗을 3개 뿌릴 수 있다면(하루 9,000원) 당신은 7년 안에 3,000만 원의 종자돈을 굴릴 수 있다. 일단 시작하는 것이 중요하다.

더 빨리 목적자금을 모으는 또 다른 한 가지 방법이 있다. 1만 원에 힘을 더 주는 것이다. 돈에 힘을 준다는 말은 복리수익률을 높이는 것과 같다. 비현실적인 이야기가 결코 아니다. 세후연복리 8%에서 10%로, 10%에서 12%로, 12%에서 15%로 좀더 레벨을 높이는 것이다. 물론 투자를 해야 할 때와 아닌 때가 있다. 시기에 맞지 않는 용감한 투자는 만용이 될 수 있다.

일단 1만 원에 힘을 주었을 때 1만 원이 얼마나 큰 나무로 성장하는지 살펴보자.

매일 1만 원씩 지속적으로 투자했을 때 복리수익

기간	원금	연 8%	연 10%	연 12%	연 15%
5년	1,825만 원	2,141만 3,094원	2,228만 3,615원	2,318만 7,893원	2,460만 9,692원
10년	3,650만 원	5,287만 5,953원	5,817만 1,600원	6,405만 2,883원	7,410만 8,572원
20년	7,300만 원	1억 6,703만 1,170원	2억 905만 3,748원	2억 6,299만 1,415원	3억 7,391만 9,077원
30년	1억 950만 원	4억 1,348만 3,721원	6억 40만 3,183원	8억 8,086만 4,298원	15억 8,681만 9,784원

1만 원이 30년간 모이면 1억 950만 원 원금 그대로 남는 게 아니라, 복리의 마법으로 4배, 6배, 8배, 15배로 성장한다. 어찌 복리의 매력에 빠져들지 않을 수 있겠는가. 다시 한 번 강조하지만 당신의 지갑 속 지폐 1장도 시간과 투자의 방법과 만나면 당신의 삶을 지탱해주고 여유

로움을 주는 핵심자산이 될 수 있다. 나는 당신을 핵심자산으로 만들어 주는 복리의 길로 인도하기 위해 이 책을 쓰고 있다. 이제까지 역복리의 인생을 살아왔다면 지금부터 결심하라. 순복리의 인생을 살겠다고.

한편으로는 복리의 힘을 특정 금융상품에만 있는 것으로 생각하는 사람들이 있는데 그건 오해이다. 당신의 복리투자 행위, 말하자면 원금에서 발생한 수익을 원금과 함께 다시 반복해서 저축하거나 투자를 하는 행위에서 복리의 마법이 작용한다. 특정 금융상품이 아닌 예금, 주식, 펀드, 보험 등 모든 금융상품에서 복리를 활용하는 것은 가능하다. 물론 복리의 효과가 자동으로 작동되도록 고안된 편리한 금융상품은 있다. 그러나 기본적으로 복리는 '복리 마인드'를 가진 당신의 복리투자 행위에서 시작된다는 것을 꼭 기억해두기 바란다.

목적이 없는 돈은
아무리 벌어도 부족하다

우리나라 사람들은 정말 열심히 산다. 몸이 두 개라도 모자랄 정도로 정신없이 바쁘게 일하면서 그만큼 수입을 늘린다. 나는 치열하게 사는 만큼 그에 대한 보상도 늘어난다고 생각한다. 그런데 문제는 열심히 일하여 번 돈을 소비할 때에는 본인의 소득 수준 이상으로 하는 데 있다. 쓴 만큼 다시 벌면 된다는 위험한 생각을 하기 때문이다. 하지만 수입을 늘리면 모든 돈 문제가 해결될 수 있다는 생각은 한해 두해 지나면 현실적인 난관에 봉착하게 된다. 수입은 점점 늘어나지만 언제나 제자리걸음만 하고 있는 재정상태에 빠진 자신을 발견하기 때문이다.

수입이 점차 늘어나는 젊은 시절은 재정적으로 준비하기에 좋음에도 불구하고 뚜렷한 목적 없이 주먹구구식으로 돈 관리를 하다 보니 쓸데없는 자산만 늘어난다. 나이가 들어서야 그동안 벌어놓은 돈이 어디로 갔는지 그 돈을 쓴 본인도 이해가 가지 않는 황당한 상황에 빠져드는 것이다.

보통 재정적으로 성공할 것 같았던 사람이 실패하는 이유는 매년 돈을 버는 데 수백 시간을 쏟는 데 비해 그 돈을 자기 인생의 어느 곳에 무엇을 위해 배분해야 할지 고민하는 데는 단 몇 시간조차 할애하지 않기 때문이다. 돈을 아무리 많이 벌어도 목적별로 잘 관리하는 사람을 당해낼 순 없다. 지금 이 책을 읽고 있는 당신만큼은 전성기를 모두 보내고 난 이후에 과거를 후회하는 일이 없기를 바란다.

'아, 한창 돈을 잘 벌 때 모아놓았다면 지금 이런 곤경에 처하지는 않았을 텐데……'

'내가 왕년에는 참 많이 벌었구나! 지금에 비하면 말이야.'

한 번 당신 손을 떠난 돈은 장래에 큰 교훈을 줄 것이다. 무분별한 지출은 사랑하는 가족에게도 고통을 안겨줄 수 있기 때문이다. 나는 당신이 버는 수입만 지혜롭게 잘 활용해도 재정적 삶이 평탄하리라 확신한다. 어두움을 이기는 길은 빛을 밝히는 것이다. 마찬가지로 마이너스 소비와 빚을 줄이려면 목적을 갖고 저축과 투자를 함께하면 된다. 앞으로 당신은 돈을 더 많이 벌기 전에 돈을 어디에 써야 할지에 대해 자신만의 철학을 가져야 한다. 돈을 어떻게 써야 할지 아는 것은 빠르면 빠를수록 좋다. 그만큼 당신이 들여야 하는 재정적인 노력을 줄일 수 있기 때문이다. 유혹이란 무엇인가? 핵심이 아닌 다른 것에 매달리게 하는 것이다. 하지 말아야 할 것을 하지 않는 것도 돈 관리에 성공하는 길이다.

소비를 권장하는 사회 풍조와 당신의 지갑을 교묘하게 노리며 당신의 미성숙한 지출습관을 부추기는 신용카드의 유혹, 차량을 할부와 리스로 손쉽게 구입할 수 있는 금융상품의 유혹으로부터 멀리 떨어져 당신이 재정적으로 자립할 수 있을 때까지 당신만의 길을 걸어야 한다. 나는 이것이 성공적인 재정설계로 가는 마라톤의 출발이라고 생각한다. 잠시 몇 년 동안만 남들과 다르게 살 결심을 한다면 정말 몇 년 후에는 남들과 전혀 다른 삶을 살고 있는 당신을 발견하게 될 것이다. 남들이 본성에 이끌려 이것저것에 손을 댈 때 당신은 핵심자산 마련을 위해 본성의 욕구대로 하지 않는다면 분명 몇 십 배의 보상이 기다릴 것이다. 당연한 이치 아니겠는가? 그것이 내가 믿는 인생이다.

빚의 실체를 바로 알고 빚의 함정에서 빠져나와라

　　나는 수많은 기업과 개인의 재정상태와 현금흐름을 컨설팅했던 경험을 통해 재정적인 성공을 가로막는 엄청난 적이 바로 '빚'이라는 사실을 알게 되었다. 복리의 원리에서 설명했듯이 작은 차이가 오랜 시간이 지난 후에는 엄청나게 큰 차이를 가져온다. 당신의 삶이 절약으로 순자산을 마련하여 순복리의 혜택을 누리고 있다면 당신의 순자산은 복리로 늘어나며 당신 미래를 행복하게 할 것이다. 그러나 당신이 소비성 빚의 함정에 빠져 있다면 그 빚은 역복리로 늘어나서 자칫 잘못하면 당신이 땀 흘리며 벌어온 귀중한 평생 수입의 대부분이 빚을 갚기 위한 시간과 대출 원리금 상환에 소요될 수 있다. 이처럼 재정적인 성공과 실패의 갈림길은 순복리와 역복리처럼 당신의 선택에서 시작한다. 몇 번이고 반복해서 말하지만 당신이 번 돈은 한 번밖에 사용할 수 없다. 당신의 돈으로 저축하고 투자하여 순복리를 누리며 살아갈지 계속 빚에 시달리며 역복리에 빠져 허우적거릴지는 순전히 당신의 선택에 달려 있다. 이자로 한푼 두푼 지출되는 돈은 바로 당신의 미래를 위한 투자의 열매를 미리 따먹는 것이기도 하다.

당신이 알게 모르게 쓰고 있는 빚에는 어떤 것들이 있는지 보자.

● 발목을 잡는 빚, 주택담보대출

우리나라 사람들은 전통적으로 집과 부동산에 대한 애착이 상당히 강하다. 우리나라 가계(개인)가 보유한 부동산은 금융자산의 4배 이상이다. 미국의 경우 4대 6의 비율로 부동산보다 금융자산을 많이 소유하고 있다. 전 세계적으로 볼 때에도 우리나라의 부동산 소유 비중은 정말로 이례적이다. 이는 30년간 지속된 부동산 투자 쏠림현상이 빚어낸 결과물 중 하나이며, 집 한 채를 마련하는 것이 가장의 최고 목표가 되었다. 자칫 잘못하면 평생 버는 귀중한 수입의 대부분을 집 마련에 모두 투자하고 대출 원리금 상환에 발목이 잡혀 다른 재정적인 준비를 전혀 할 수 없게 된다. 만일이라도 부동산가격이 급락하거나 갑작스런 실직으로 당신의 수입이 끊긴다면 당신의 재정상태는 큰 위기에 봉착할 수밖에 없다.

● 평생 부어야 할 빚, 자동차할부와 리스

자동차할부나 리스는 주택담보대출 상환 다음으로 가계에 큰 부담이 된다. 부자가 되는 길을 가로막는 큰 장애물이 바로 자동차할부금이다. 현금으로 자동차를 구매할 능력이 없는 사람이 매월 40만 원씩 60개월 할부상환 조건으로 자동차를 구입했다고 가정해보자. 역복리의 늪에 빠져버린 그는 3년이 채 안 되어 새 자동차로 눈을 돌리게 될 것이다. 만일 그가 다시 할부로 새 차를 구입한다면 자동차할부금은 그가 평생 부어야 할 빚이 되어버리고 만다. 그가 만약 매월 40만 원씩 평생 자동차 할부금을 내야만 한다면 그만큼 좋은 자산을 만들어나갈 기회를 상실한 셈이다. 그가 만약 30세부터 60세까지 30년간 매달 40만 원씩을 연 10%의 뮤추얼펀드에 투자한다면 그의 60세 노후에는 8억 6,800만 원의 대단한 노후자금을 마련하게 된다. 이러한 사실을 알고도 자동차와 당신의 노후자금을 맞바꾸겠는가?

● 달콤한 빚, 신용카드

신용카드는 신용 있는 당신의 특권이라고 속삭이는 금융회사의 말을 들어보면 일리가 있는 것 같다. 지불능력이 충분하지 못한 사람들에게 신용카드 회사는 쇼핑도, 외식도, 문화생활도 신용카드 한 장으로 즐기라고 속삭인다. 이 말에 현혹된 우리는 주말이면 대형 쇼핑센터에 가서 쇼핑을 하고, 여름휴가에는 열심히 일한 당신을 위로하기 위해 신용카드 한 장 달랑 들고 해외로 떠나고는 한다. 그 말만 믿고 휴가를 다녀온 당신을 기다리는 것은 무엇이던가?

과잉 소비는 결국 소비성 빚으로 이어지게 되어 있고, 소비성 빚은 미래의 아름다운 꿈들을 갉아먹어 생각지도 않은 불행한 삶으로 당신을 내몰 수 있다. 빚을 지기 시작하면 대다수는 돈에 대한 자신감부터 상실하여, 계획 없이 막 살게 된다. 급기야 이자와 할부대금 갚기에 급급해지면서 본인이 원하는 아름다운 꿈으로부터 점점 멀어진다. 즉, 돈의 노예가 되는 수순을 밟기 시작한다.

당신이 자동차를 사거나 명품을 구입하는 등 소비적인 목적으로 돈을 빌렸을 경우 구입한 자동차와 명품의 가치는 시간이 지날수록 점점 떨어지고 휴가에 흥청망청 지출된 돈은 사용과 동시에 그 가치가 사라진다. 결국 고스란히 빚만 남아 당신의 미래 소득을 갉아먹는 것이다. 빚이 있으면 내일 받을 미래 소득을 오늘 쓰고 있다는 생각이 당신의 뇌 속에 각인되어 현재 삶에서 돈을 벌고자 하는 욕구는 떨어질 수밖에 없으며, 다람쥐 쳇바퀴 도는 악순환이 시작된다.

나쁜 돈의 함정에서 벗어나는
4단계 전략

돈은 경우에 따라서 좋은 돈이 되기도 하고, 나쁜 돈이 되기도 한다. 나쁜 돈의 함정에서 벗어나 좋은 돈의 원리, 원칙을 터득할 때 제대로 된 돈 관리는 시작된다.

그렇다면 빚의 유혹과 위험에서 벗어나기 위해서는 어떻게 해야 할까? 현재 빚의 함정에 빠져 힘들어 하는 사람들도 분명 있을 것이다. 다시 한 번 말하지만 어두움을 이기는 가장 좋은 방법은 불을 환하게 밝히는 것이 최고다. 그러면 어두움은 자연히 사라진다. 마이너스 소비와 빚을 줄이는 가장 현명한 방법도 뚜렷한 목적을 갖고 핵심자산을 만드는 것이다. 이제 신용카드와 같은 잔인한 소비성 빚으로부터 해방되어 밝은 미래를 준비해보자. 실제 사례를 통해 빚에서 해방되는 전략을 제안할 것이다.

성남에서 거주하며 중견기업에 근무하고 있는 김남수(42) 씨는 세후 월수입이 400만 원 가까이 된다. 그런데 1년 전에 집을 장만하면서 1억 2,000만 원의 대출금을 받았고 그로 인해 대출 원리금 상환 부담이 커지면서 가계재정이 긴축모드에 들어가게 되었다. 현재 거주하고 있는 집은 전세이며, 1년 후에 마련한 집(현재 보증금 1,000만 원, 월세 80만 원에 두고 있음)으로 이사를 갈 예정이다. 집을 마련하면서 씀씀이가 커지는 바람에 여러 종류의 자산과 부채가 발생하고 있다. 김남수 씨는 자신의 빚이 주택담보대출이 전부라고 생각했었다. 나머지는 주식과 예금, 자동차 등에 연관된 채무이기에 자산을 처분하면 빚도 자동으로 상환될 수 있다는 생각을 갖고 있었고, 신용카드할부는 누구나 그렇게 활용하지 않느냐고 반문할 정도로 빚에 대한 그의 생각은 관대한 편이었다.

현재 저축과 투자는 주택청약예금과 MMF에 4,000만 원(퇴직금 중간 정산 받은 금액)이 있고 보험에는 6개월 전 가입한 종신보험이 있다.(매

재정상태표

(단위: 만 원)

자산		부채 및 자본	
아파트(분당, 취득가액)	26,000	전세금(분당아파트)	1,000
전세금(성남)	11,000	마이너스대출금(연 7%)	2,000
주택청약예금	1,500	예금담보대출(연 5%)	1,000
MMF	2,500	신용카드할부 잔액(연12%)	200
주식(평가액)	2,500	자동차할부 잔액(연 10%)	1,300
		주택담보대출금(연7%)	15,000
		부채 계	20,500
자산 계	43,500	순자산	23,000
		부채+순자산	43,500

월 25만 원 불입, 일반사망 시 사망보험금 1억 5,000만 원이다.) 만일의 경우에 대비해서 마이너스 대출을 활용하고 있는데 최근 마이너스 대출을 활용해서 개별주식에 투자하면서부터 마이너스 잔액이 점점 더 커지고 있다.

김남수 씨는 재정상태표의 왼쪽 자산편만 본다면 별 문제가 없고 월수입도 평균적인 가장의 수입보다 낫다. 그런데 그 내부사정, 즉 오른편에 있는 빚 내역을 살펴보면, 속빈 강정에 불과하나는 것을 알 수 있다. 매월 꼬박꼬박 들어오는 수입을 핵심자산에 투자하지 못하고 있으며 빚이 있는 상태에서 저축을 하며 빚을 갚는 등 이해가 안 되는 활동을 반복하고 있다. 또한 다양한 빚의 종류로 인해 자산 형성도 매우 복잡해져 있는 상태다. 이제 그의 현금흐름표를 살펴보자.

김남수 씨의 가정은 요즘 허리띠를 단단히 졸라매며 살고 있다. 하지만 지금 재정상태를 정확히 진단하지 못한다면 허리띠를 졸라맨다고 문제가 해결되지는 않는다. 현재 수입의 절반 가까이 빚 갚는 데 쏟아부으면서 중년에 접어들고 있다. 제대로 된 은퇴자산과 보장자산, 예비자산, 자녀교육자금을 포함한 투자자산이 전혀 없고 집 한 채만 덩그러니 있는

월간 현금흐름표

(단위: 만 원)

지출		수입	
생활비	140	세후 급여액	400
부모님용돈	20	월세수입(분당아파트)	80
자녀교육비	70		
대출 원리금 상환	220		
보장성보험료	25		
매월 흑자발생액	5		

부채와 월 원리금 상환액

빚 종류	대출 잔액	대출 이자율	월 대출이자	월 대출원금 상환액	월 원리금 합계
마이너스대출	2,000만 원	7%	11만 7,000	0	11만 7,000
예금담보대출	1,000만 원	5%	4만 2,000	0	4만 2,000
신용카드할부 잔액	200만 원	12%	2만	16만 7,000	18만 7,000
자동차할부 잔액	1,300만 원	10%	10만 8,000	54만 2,000	65만
주택담보대출	1억 5,000만	7%	87만 5,000	32만	119만 5,000
계	1억 9,500		116만 2,000	102만 9,000	219만 1,000

채로 말이다.(예비자산, 집자산, 은퇴자산, 보장자산, 투자자산은 평생을 책임질 핵심 5대 자산이다.) 빚은 현명하게 활용하면 꼭 필요한 자산을 구입할 때 도움을 주지만 잘못 사용할 경우에는 돌이킬 수 없는 문제의 근원이 된다.

1단계: 빚 갚기 기한과 빚과 연동된 자산처분을 실행하자

　　김남수 씨처럼 빚이 많다고 생각한다면 가장 먼저 해야 할 일은 빚을 반드시 정해진 기한 내에 갚겠다는 목표를 설정하는 것이다. 이때 당신 수입의 20%로 갚아나갈 수 있는 주택담보대출 잔액을 남겨놓고 빚을 갚는 계획을 수립하면 된다. 현재 주택담보대출 상환 원리금이 당신 소득의 40%라면 20%를 초과하는 20%만큼에 해당하는 대출원금의 상환계획을 수립하는 것이다. 현재 김남수 씨의 경우 수입의 20%를 훨씬 초과하는 주택담보대출 상환 비율(55%)을 갖고 있다. 1년 뒤 이사하면 전세를 돌려받아 주택담보대출을 상환할 수 있으므로 현재 대출이 김남

수 씨의 재정상태를 위협할 정도는 아니다. 하지만 지금 불필요한 빚을 정리하고 핵심자산을 만드는 계획을 제대로 세우지 않으면 1년 뒤 전세금을 돌려받고 새집에 입주할 때 잘못된 재테크 방식, 가령 소문만 믿고 위험한 주식에 투자한다든지 꼭 필요하지 않은 불필요한 자산을 구입하게 될 여지도 있다. 김남수 씨의 경우, 자산에 연관되어 있는 불필요한 빚을 정리하는 것이 최우선 과제다. 상담 결과 투자하고 있는 개별주식에 대해서 김남수 씨는 소문만 듣고 짧은 시간에 돈을 벌고자 소형주에 투자한 경우에 해당했다. 따라서 주식을 매도하고 중간정산 받아 예치한 MMF, 이미 집을 구입했기 때문에 당분간 불필요하다고 생각한 주택청약예금을 활용해서 마이너스 대출과 예금담보대출, 신용카드할부 잔액, 자동차할부 잔액을 모두 갚는 것을 권고했다.

자산 부채 상환 계획과 실행 (단위: 만 원)

자산 처분		부채 상환	
주택청약예금	1,500	마이너스대출금(연 7%)	2,000
MMF	2,500	예금담보대출(연 5%)	1,000
주식 (평가액)	2,500	신용카드할부 잔액(연12%)	200
		자동차할부 잔액(연 10%)	1,300
처분 자산 계	6,500	상환 부채 계	4,500

자산 부채 상계 후 빚 잔액과 월 원리금 상환액 (단위: 원)

빚 종류	대출 잔액	대출이자율	월 대출이자	월 대출원금 상환액	월 원리금 합계
주택담보대출금	150,000,000	7%	875,000	320,000	1,195,000

자산과 연동된 빚을 상환한 이후 김남수 씨는 매월 100만 원의 여유자금을 만들 수 있었으며, MMF에는 2,000만 원의 잔액을 남겨둘 수 있었다.

MMF 2,000만 원 중 김씨의 생활비를 고려해서 예비자산으로 MMF에 1,000만 원을 유지할 것을 권고했고, 나머지 1,000만 원으로는 주택담보대출금 원금을 상환하도록 권고했다.(실제 주택담보대출금은 중도환매 시 수수료가 들어가므로 1,000만 원을 따로 떼어 상호저축은행 정기예금에 가입하여 중도환매수수료가 면제되는 2년 후 갚기로 함.)

2단계: 지출예산을 정해 실행하자

꼭 필요한 지출에 대한 월별 예산을 수립하여 월별 예산의 범위 내에서만 지출하는 습관을 들이는 것이 좋다. 이때 월별 예산에는 장기적으로 꾸준히 준비해야 하는 은퇴자산과 보장자산에 대한 지출을 꼭 포함해야 한다. 무엇보다 빚을 갚는 것이 우선이지만 은퇴자산과 보장자산을 만드는 일은 빚을 갚으면서 동시에 진행하는 것이 좋다. 현재 김씨는 은퇴자산과 보장자산에 대한 구체적인 계획을 갖고 있지 않다. 물론 1년 전 사망보장에 대비해서 종신보험에 가입했지만 종신보험의 특약구성 등을 종합하여 살펴본 결과 현재 김씨의 재정상태에는 적합하지 않은 것으로 보였다. 김씨가 가입한 종신보험은 특약구성면에서 볼 때 김씨가 사망하지 않고 중대질병 또는 상해위험에 해당할 때 의료비 지원이 적절히 되지 않고, 매월 납부하는 보험료에 비해 현실적인 보장효과는 그다지 훌륭하지 않았기 때문이다.(소득대비 보장성 보험료지출비율은 6%로 적정하다고 봄.) 종신보험 자체는 문제가 없지만 소득에서 무려 6%를 하나의 종신보험에 넣은 것이 문제다. 현재 소득을 보면 25만 원에서 30만 원 정도를 보장자산 구입에 활용할 수 있는 적정비율인데 사망 시 보장에만 치중된 보장자산이기 때문이다. 따라서 보장자산을 다음과 같이 조정할 것을 권했다.

보장자산 리모델링

(단위: 원)

상품명	월 불입액
통합보험(실비의료비보험 포함)	150,000
운전자보험	20,000
정기보험	80,000
계	250,000

현재 종신보험에 가입한 지 얼마 되지 않았기 때문에 조정하여 보험가입의 우선순위에 따라 통합보험(실비의료비보험포함)과 운전자보험, 65세까지 사망보장을 받으면서 보험료가 저렴한 정기보험으로 교체하여 실질적인 보장 혜택을 받을 수 있도록 한다. 그리고 마흔 중반으로 접어드는 김씨는 국민연금과 퇴직금으로만 은퇴준비를 하고 있으므로 은퇴자산을 지금부터 빨리 준비해야 했다. 여유자금 100만 원은 세제적격연금펀드에 25만 원을 불입하여 노후준비와 더불어 소득공제를 통한 절세를 유도하고, 20만 원은 자녀대학자금 마련용으로 펀드를 활용하여 투자자산 통장을 만들고, 나머지 55만 원은 2년 후 대출원금을 갚을 목

적으로 상호저축은행적금으로 목돈을 마련토록 했다. 물론 김남수 씨가 은퇴자산 마련을 위해 배분해야 할 금액은 88만 원이다(월수입의 22%). 하지만 빚을 상환하며 핵심자산을 만드는 과정 중에 있으므로 1~2년 후 지속적으로 은퇴자산 투자액은 늘려나가야 한다.

월 100만 원 여유자금 배분

(단위: 원)

상품명	월 불입액	비고
세제적격연금저축	250,000	은퇴자산
국내주식형펀드	200,000	투자자산(펀드)
상호저축은행 적금	550,000	빚 상환용
계	1,000,000	

부부간 합의를 통해 다음 달 예산을 정했다면 종이 위에 다음 달 목표예산을 적고 그대로 실천하는 것이 중요하다. 예산 이외의 지출에 대해서는 엄격해져야 한다. 만약 당신의 현재 재정상태가 김씨보다 더 빚에 허덕이는 상황이라면 무엇보다도 신용카드 사용부터 원천 봉쇄하라. 신용카드 대신 예금 잔액 내에서 사용이 가능한 체크카드를 쓰도록 하라. 현금을 사용하는 것보다 신용카드 사용으로 기회이익을 얻을 수 있다는 카드사의 유혹에 넘어가지 마라. 통계적으로 보더라도 신용카드 자체가 빚을 지게 만드는 주요 원인이다.

3단계: 70대 30의 원칙으로 빚을 줄여가자

지출통제 등을 통해 여윳돈이 생기면 빚을 갚는 데 여윳돈의 70%로 빚을 상환하라. 김씨의 경우 2단계에서 은퇴자산(25만 원)과 보장자산(25만 원)을 제외한 저축여력 75만 원의 26%인 20만 원을 투자자산(자녀교육비마련용)으로 만들고 55만 원은 대출 상환자금으로 적립하는 것을 권고했다. 이와 같이 당신의 소득이 월 300만 원이고 1단계에서 월별 지출예산(기존에 빚을 상환해야 하는 대출 원리금과 보장자산과 은퇴자산 마련을 위한 지출액이 포함된 지출예산)이 200만 원으로 결정되어 100만 원의 여유자금이 있다면 70만 원으로 빚을 갚고, 나머지 30만 원은 저축을 하면 된다.

왜 100만 원 모두를 빚을 갚는 데 사용하지 않는지 궁금할 것이다. 여유자금이 생기면 빚부터 모두 상환하려는 사람들의 문제는 빚을 모두 갚고 나면 다시 무일푼이 되어 본인 스스로 지칠 수 있기 때문이다. 즉, 버는 돈을 모두 빚 갚기에 써버리면 "내가 왜 수입을 올려야 하지?"라는 의구심이 끊임없이 들며 본업을 통해 돈을 벌어들이는 재미가 사라진다. 또한 신용카드를 모두 없애고 빚을 갚는 과정 중에 급작스럽게 긴급자금이 필요한 경우(가족 중 누군가가 수술을 해야 하는 경우 등) 여유자금이 없다면 신용카드 또는 신용대출을 받으려는 유혹에 다시 넘어갈 수 있기 때문에 빚을 갚고 있는 중에도 여유자금의 30%는 빚을 갚지 말고 저축을 통해 예비자산과 투자자산으로 모아둘 필요가 있다.

빛으로 어두움을 몰아내는 것이 최선의 방책이다. 바로 이 때문에라도 70대 30의 원칙을 지켜야 한다. 빛(어두움)을 이기는 최선의 방법은 가진 것을 늘리는 것(빛)이다. 그래서 여유자금의 30%로 종자돈을 마련해야 한다. 그리고 모으고 있는 종자돈을 통해 돈에 대한 자신감을 회복하고, 남아 있는 빚에 대한 경제적 부담감을 통해 빚진 상태에서 지출을 통제할 수 있는 능력을 쌓아나가야 하는 것이다. 진정한 자유는 자신이 계획한 것을 실천하기 위해 절제할 수 있는 능력이다. 절제는 무한한 능력이며 힘이다. 돈을 쓸 때마다 꼭 필요한지 다시 한 번 더 생각해보라.

4단계: 빚 갚기에 가속도를 붙여라

긴축재정으로 지출을 통제해도 빚을 상환하기 어려운 경우, 즉 부채가 너무 많아 빚 상환 원리금이 너무 크다면 어떻게 해야 할까? 이는 빚이 너무 많기 때문에 발생하는 문제이다. 이런 경우 철저한 가계 구조조정이 필요하다. 1단계와는 다른 고육지책이다. 집을 두 채 보유하고 있거나 수입 수준에 비해 수익성이 없는 자산을 보유하고 있는 경우 현금 흐름을 원활하게 하기 위해 고정자산을 매각하는 것이다.

재정적인 성공에 이르는 사람은 잘 버리는 사람이다. IMF 때에 우리나라 기업들이 뼈를 깎는 구조조정을 했듯이 본인 가족에게 불필요하고 비효율적인 자산을 내다 팔아서 그 돈으로 뭉텅이 빚을 갚아야 한다. 예를 들면 할부금이 남아 있는 자동차를 팔아 대출을 갚고 나머지는 현금으로 빚을 갚는 것이다. 자동차를 타고 다니며 돈의 노예가 되기보다 돈의 주인이 되어 자유롭게 돈을 주고 자동차를 구입하는 날을 기다리자. 또 다른 가속도로 빚을 갚을 수 있는 방법은 수입을 늘리는 것이다.

김씨의 경우 대출상환을 위한 자금여력으로는 2단계에서 1,000만 원, 매월 55만 원씩의 저축액을 확보했고, 1년 후에는 전세자금을 돌려받아 주택담보대출 상환자금으로 활용할 수 있게 되어 주택담보대출의 상당액을 갚을 수 있을 것으로 본다.

지금까지 4단계에 걸쳐 빚을 갚아나가는 전략을 살펴보았다. 빚을 상환할 때에는 핵심자산인 보장자산, 은퇴자산, 투자자산을 함께 만들어나가 균형적인 성장을 꾀하는 것이 매우 중요하다. 당신의 재정상태는 목적별로 건강한지 한번 점검해보라. 다음에 제안하는 돈 관리 시스템으로 돈을 제대로 관리할 수만 있다면 재정적인 안정을 넘어 자유를 얻을 수 있을 것이다.

2장

흩어진 돈을 목적별로 키워주는
돈 관리 시스템

소득이 많은 사람이 부자가 되는 것은 아니다.
그들은 소득에 따라 씀씀이도 늘기 때문이다.
소득이 적어도 지출을 통제해 소득의 일정부분을 저축하면
누구나 부자가 될 수 있다.

— 파킨슨

여기저기에 흩어진 돈을 모으기만 해도 돈 관리에 자신감이 붙을 수 있다. 그러고 나서 해야 할 일은 수입에 꼬리표를 달아 목적별로 나누면 된다. 돈 관리 시스템을 따르면 지출을 통제하기보다는 필요와 소망에 따른 자산을 만든다는 생각에 돈 모으는 재미와 기쁨이 커질 것이다.

흩어진 돈을 모아라

단지 돈이 많다고 행복한 것은 아니지만 재정상태가 부실하다면, 당신은 돈 걱정 바이러스에 감염되어 용기마저 잃을 수 있다. 그뿐만 아니라 당신 안에 잠재되어 있는 재능을 살릴 수 없을 것이다. 따라서 행복한 삶을 위해서 어떤 경제적인 외풍에도 흔들리지 않는 건전한 재정상태를 구축하는 것이 매우 중요하다. 그런데 안타깝게도 많은 사람들이 자기의 옷장 안에는 어떤 옷이 몇 벌 있는지 잘 알고 있으면서도 정작 자기 돈이 어디에서 어떻게 굴러가고 있는지 제대로 알지 못하는 경우가 많다.

당신의 돈은 어디에 있는가

한번은 재테크에 관심이 많고 열심히 한다는 30대 후반 가장의 재정상담을 한 적이 있다. 그에게 현재 보관하고 있는 집문서, 통장, 보험증서 등 재산이라고 생각하는 모든 것을 가져오라고 했다. 그는 여기저기서 주섬주섬 뭔가를 가져오기 시작했다. 책상서랍을 뒤져서 통장 몇 개와 장롱 안에서 또 몇 개의 통장과 집 등기권리증 등을 가져왔다. 보관용 가방을 뒤지더니 그 안에서 보험증서 뭉치를 가져왔다. 거의 30분가량을 뒤져서 가져오긴 했지만, 통장 몇 개는 없어진 것 같다고 했다. 그가 가져온 통장을 살펴보니 이미 만기가 지난 통장, 잔고가 없어 이월된 통장 등 쓸모없어진 통장도 많았다. 또한 실물이 없는 경우도 많았다. 어느 보험증서는 아이들 책상서랍 안에 딱지로 접혀있는 것을 보고는 한참 웃었다.

본격적인 상담에 들어가기 전에, 매달 자동으로 빠져나가는 펀드와 보험, 적금통장을 앞에 두고, 현재 투자하고 저축하는 통장의 내용에 대해 질문해보았다. 매달 넣고 있는 적립식 금융상품의 경우, 그가 이해하고 있는 것과 실제 그 금융상품의 성격은 판이하게 달랐다. 그는 저축을 하고 있다고 생각했지만 그 상품은 저축이 아니었다. 또 보험에 충분히 가입했다고 생각했지만 정작 그가 가입한 보험에서 나오는 보험금은 충분하지 않았다.(그가 보험료를 적게 내고 있었던 것은 아니다. 다만, 죽었을 때 지급되는 보험금이 많다보니 죽지 않고 다쳤을 때 받을 수 있는 보장이 적었을 뿐이다.)

당신의 경우는 어떠한가? 정말 밤낮 가리지 않고 열심히 일해 애써 모은 돈이 아닌가? 그 돈을 방만하게 관리하고 있지는 않은가? 물론 통장이 사라졌다고 돈이 없어지는 것은 아니다. 눈 딱 감고 땅이나 펀드에 묻어둔 돈이 운이 좋게도 의외의 빛을 발할 수도 있다. 그러나 그런 무책임하고 주먹구구식의 돈 관리로는 당신이 원하는 만큼의 성공을 이룰 수 있는 확률이 높지 않다는 점을 당신도 잘 알지 않는가? 현재 '내가 가진 재산이 얼마인지, 돈을 어떻게 벌고 있으며, 어디에 쓰고 있는지, 또 어디에 투자하고 있는지'를 정확히 파악하지 못한다면 돈 관리에서 성공할 가능성이 높지 않다.

어떤 사람들은 들어오는 돈과 나가는 돈이 손바닥 보듯 빤한데 돈 관리를 할 게 뭐가 있냐고 이렇게 반문하기도 한다. "저는 집 한 채가 전부입니다. 통장도 별로 없어요. 버는 족족 빚 갚기도 바쁘거든요." 이렇게 말하는 사람일수록 돈 관리가 더욱 필요하다. 지금처럼 집 한 채 부여잡고 대출만 갚아나가면 성공하던 시절은 이미 지나갔기 때문이다. 시대가 변하고 있다. 집은 분명 있어야 하지만 그렇다고 집에 모든 것을 쏟아부으면 그 끝이 좋을 수는 없다. 또 많은 사람들이 돈 관리라고 하면 가계부를 떠올린다. "매일 지출을 영수증 붙여가며 확인하고 정리하는 건 정말 지겨워요. 돈 관리하기 정말 어렵습니다."

사실 나도 가계부를 쓰기가 어렵다. 바쁜 일상에서 매일 발생하는 지출을 정리하는 데에는 상당한 시간이 소요되기 때문이다. 바쁜 사람들에게 과연 가계부가 실용적인지 의문을 품을 때가 많다. "가계부를 쓰지 않으면 돈을 제대로 관리하지 못하는가?"

절약, 비용 통제, 신용카드 자르기, 빚 청산 등 소비욕구를 억제하는 것이 돈 관리에서는 없어서는 안 될 중요한 요소라는 사실은 나도 인정한다. 하지만 나는 소비, 지출을 억지로 통제하는 것보다 돈이 어디에 사용되고 있는지를 파악하는 것이 더 중요하다고 생각한다. 돈이 어디에 있고 어디로 가고 있는지 파악하고 있다면 소비활동 자체를 통제하는 것이 더욱 수월해지기 때문이다. 또한 지출을 통제하는 개념보다는 필요한 자산을 만든다는 개념을 적용하는 것이 진정 쉽고 재미있는 돈 관리 방법이다.

얼마를 버는가에 대해서는 잘 알지만, 얼마를 모았는지에 대해서는 잘 모르는 사람이 많다. 흩어져 있는 돈을 모으면 당신의 돈이 생각보다 많다는 사실을 깨달을 것이다. 금액에 상관없이 지금까지 모아놓은 돈을 보면 자연 돈 모으는 재미가 생긴다. 흩어진 돈을 모으고 목적별로 키워주는 돈 관리 시스템을 통해 돈 모으는 재미에 빠져보자.

목적에 따라 수입을 배분하라

일반적으로 투자의 세계에서 자산배분이라 하면 주식, 채권, 예금, 부동산 등 여러 대상에 투자 비중을 얼마씩 배분할 것인지에 대한 의사결정이다. 1981년 노벨 경제학상을 수상한 제임스 토빈은 "계란을 한 바구니에 담지 말라."는 유명한 투자격언을 남겼다. 이는 서로 상관관계가 다른 자산에 분산투자하여 위험대비 안정적인 수익을 얻는 포트폴리오 투자이론이다.

자산배분 이론은 투자할 종자돈이 있는 경우 동일 위험대비 수익을 올릴 수 있어 실전투자에서 활용할 수 있는 아주 훌륭한 방법이다. 그런데 우리나라 사람들의 자산배분 상태는 대부분의 포트폴리오가 한 방향으로 쏠려있다. 자산의 대부분이 집인 경우가 이에 해당한다. 집 한 채 마련하기 위해 모든 수입을 전원 공격에 쏟아부었던 것이다. 완전 동네

축구다. 개인의 자산배분이 이렇게 된 이유는 눈에 보이고 지금 당장 해야 할 목표에만 집중하다가 재정의 균형을 잃어버렸기 때문이다. 돈을 벌 때부터 포트폴리오를 적절히 배분하지 못했기 때문에 한쪽 방향으로 쏠린 것이다.

나는 당신의 필요와 소망을 균형 있게 만족시켜줄 수 있는 재정상 태로 인도하고자 한다. 그 방법은 포트폴리오 이론을 수입단계에서부터 적용하는 것이다. 즉, 목적에 따라 매월 수입을 나누는 것이다. 수입의 누적분을 다섯 개의 목적자산으로 만드는 것이다. 이 책에서 제안하는 예비자산, 집자산, 보장자산, 은퇴자산, 투자자산을 통해 당신의 평생을 책임질 돈 관리를 완성하면 된다.

일반적으로 사람들은 각자 수입 수준에 따라 본인이 살 집의 규모 를 결정하고, 필요한 노후생활자금 또는 자녀학자금을 추정하면서도 수입에 숨어 있는 은퇴자산의 몫, 집자산의 몫, 자녀를 위한 몫은 따로 떼어 준비하려는 생각은 하지 않는다. 나는 거꾸로 해야 한다고 생각한다. 즉, 평생 돈이 마르지 않기 위해서는 수입을 필요와 소망의 목적자금에 자동으로 배분하는 것이 먼저다.

수입의 일정비율을 시스템으로 구축하여 저축과 투자를 병행한다면 한 달 또는 1년 동안의 저축액은 몇 십만 원, 몇 백만 원에 불과할지 모른다. 하지만 장기간 복리의 자양분을 먹고 자란 머니트리는 각각의 필요와 소망에 따르는 목적을 달성하기에 충분할 만큼 자랄 것이다.

나는 당신이 재정의 큰 그림을 마음에 품기를 바란다. 또한 재정의 큰 그림 안에 있는 각 핵심자산들을 당신만의 포트폴리오로 관리하기를 바란다. 포트폴리오란 사전적 의미로 자신이 과거에 만든 작품이나 관련 내용 등을 모아 놓은 서류가방, 자료철 또는 자료 묶음, 작품집 등을 의미한다.(포트폴리오는 투자 용어로 쓰일 때는 투자를 할 때 위험을 줄이고 투자 수익을 극대화하기 위해서 자금을 분산하여 투자하는 방법을 지칭하기도 한다.) 여기에서는 경우에 따라 '주머니'라는 익숙한 말로 대신하겠다.

재정의 큰 그림 안에 예비자산, 보장자산, 집자산, 은퇴자산, 투자자산이라는 '5대 자산' 주머니를 꼭 만들어라. 당신의 수입을 나누어 각 자산을 만들어나가다 보면 당신의 주머니에는 각 자산별로 여러 개의 통장, 증서, 계약서, 등기권리증 등이 쌓일 것이다. 그 통장과 증서, 계약서를 각각 5개의 주머니에 담아 관리함으로써 현실적이고 구체적인 돈 모으기가 가능해진다.

일단 5개의 주머니를 갖게 되고 어느 정도 당신의 재정상태가 안정 궤도에 들어서게 되면, 장기간 관리해줄 전문가의 도움이 필요할 때가 올 것이다. 그때는 당신의 각 자산별 서류함을 들고 전문가를 찾아가 자세히, 적극적인 상담을 하면 된다.

이런 식으로 당신 재정의 밑그림을 완성해 나가는 데에는 누구보다 당신 자신의 노력이 절대적으로 필요하다. 이제 본격적인 계획과 실행만 남았다. 5가지 핵심자산인 예비자산, 집자산, 은퇴자산, 보장자산, 투자자산은 수입에서 적절한 비중으로 배분되기 때문에 집값 하락 등 외부경제 변수에서 오는 충격으로 위험에 처하는 일을 방지할 수 있다.

5대 자산	
예비자산	CMA / MMF
은퇴자산	국민연금 / 퇴직금 – 기업연금 / 개인연금 – 펀드, 변액
집자산	집 / 자기돈 + 대출
투자자산	자녀양육자금 / 자동차 / 세계여행자금 / 유학자금
보장자산	의료비 실비보험 / 암, 상해보험 / 정기보험 〉종신보험

5대 자산으로 완성되는 수입 자동배분 시스템

공인회계사로서 다년간 기업회계와 개인회계 실무를 겪은 터라 현실적으로 적용 가능한 돈 관리 시스템에 관심이 많았다. 그래서 나는 소비를 통제하기보다는 매월 수입을 활용해서 자산을 만들 수 있는 돈 관리 시스템을 만들어 이를 직접 적용해보았다. 이는 '수입 자동배분 시스템'으로 돈을 자동으로 관래해주는 것을 말한다. 이 시스템은 나의 현재 재정상태가 '나'를 지지하고 있다는 확신을 주며, 내가 어느 상태이고, 어디로 가고 있는지를 보여준다. 또한 지금 당장에는 충분한 돈이 없다 할지라도 미래를 계획하는 데 도움을 준다. 나는 이 수입 자동배분 시스템을 주기적으로 업데이트하면서 내가 가야 할 방향과 이를 위해 어떤 노력을 기울여야 할지 늘 생각한다.

성공한 부자들을 보면 의도적으로 자신이 반드시 해야만 하는 상황을 만든다. 공식적으로 자신에게 의무를 부여하는 것이다. 어찌 보면 내가 만든 이 시스템은 이런 기능을 해주는지도 모르겠다. 이 시스템은 나의 필요도 있었지만 내 강의를 듣고 책을 읽은 사람들의 니즈를 통해 만들 수 있었다. 이 시스템을 활용한 이후부터 나는 돈 관리는 시스템에 맡기고 내 본연의 업무에만 집중할 수 있게 되었다.

자신의 내면을 살펴보라. 우리의 본성은 매우 단기적이고, 순간적이며, 감각적인 것을 좋아한다. 어렵게 번 돈일지라도 목적 없이 갖고 있다면 그 돈은 당신이 궁극적으로 만들어나가야 할 핵심자산에서 멀어질 수밖에 없다. 당신 내면에 잠재된 돈을 쓰고 싶은 본성에 빠지거나 탐욕에 눈이 어두워져 특정한 자산에 모든 것을 거는 오류에 빠져드는 것이다. 장롱 깊숙이 숨겨둔 돈도, 돼지저금통에 하나하나 모아둔 돈도, 재테크를 위해 은행 CMA 계좌에 넣어둔 목돈도 뚜렷한 목적의 꼬리표를 붙여놓지 않으면 돈이 언제 다른 유형의 물건으로 둔갑해 있을지도 모른다. 따라서 꼭 필요한 핵심자산을 정한 다음 매월 수입의 일정 비율을 자동으로 빠져나가게끔 해야 한다. 종자돈을 만든 다음, 여러 자산으로 분산하는 포트폴리오를 만드는 것이 아니라 돈을 버는 순간부터 포트폴리오 이론을 적용하는 것이다.

이제, 이러한 수입 자동배분 시스템을 통해 재정적인 큰 그림으로 그려보자. 많은 사람들이 눈에 보이는 재산인 주식, 채권, 예금, 부동산을 먼저 자산에 표시하지만 지금부터는 당신의 미래를 책임질 자산을 중심으로 목적별로 관리하게 될 것이다. 내가 직접 써본 결과 이 시스템은 안정적인 재정상태에 이르는 매우 중요한 과정이다.

대분류	자산	목적	내용	금융상품	가입 예상 기간
자산	예비 자산	한 달 생활비의 3~6개월 치	비상자금용도	MMF, CMA	1일 이상
	보장 자산	위험 대비	매월 세후수입의 **5~8%**를 보장자산용으로 적립	의료실비보험	평생
				질병/상해보험	평생
				정기/종신보험	평생
	은퇴 자산	공적연금 퇴직금기업연금	매월 세후수입의 **10~30%**를 은퇴자산 마련 위해 투자	국민/공무원/사학연금	10년 이상
				퇴직연금계좌	10년 이상
		사적연금		세제적격연금저축(보험, 펀드)	연금개시까지
				(변액)연금, 변액유니버설	15년 이상
				적립식펀드	5년 이상
				인덱스펀드, ETF	5년 이상
	집 자산	주택마련용	매월 세후수입의 **20%**를 주택마련용으로 투자	장기주택마련저축(펀드)	7년 이상
				주택청약종합통장	3년 이상
				예적금	1~3년
				펀드	5년 이상
	투자 자산	자녀용	매월 세후수입의 **5%**(자녀 1인당)를 자녀양육자금으로 투자	적립식펀드	5년 이상
				우량주 투자	3~5년 이상
				적금	1~3년
		기타목적용	각 용도별 매월 세후수입의 일정률	적립식펀드	5년 이상
				우량주 투자	3~5년 이상
				적금	1~3년

자, 그럼 수입 자동배분 시스템에 따라 현금흐름표와 재정상태표를 작성해보자.

돈 관리 시스템에 따른 월 현금흐름표

수입(+) 현금흐름 소계	
· 월급	4,000,000
핵심자산 지출계	2,000,000
· 보장자산(월수입의 5%)	200,000
· 은퇴자산(월수입의 15%)	600,000
· 집자산(월수입의 20%)	800,000
· 투자자산(자녀양육자금, 월수입 5%)	200,000
· 투자자산(종자돈마련용, 월수입 5%)	200,000
수입 – 저축 = 생활비 지출 가능액	2,000,000

현재 당신의 수입이 400만 원이라고 한다면 당신은 위와 같이 수입을 자동으로 배분함으로써 재정의 큰 밑그림을 그려나가면 된다. 이러한 밑그림을 통해 핵심자산을 만들 수 있는 월별 돈 관리가 가능해진다. 무엇보다 이 시스템의 장점은 5대 자산이 차곡차곡 쌓여가는 것을 한눈에 보면서 돈 관리를 즐기는 데 있다. 그런데 수입을 필요와 소망의 기준에 따라 배분하다 보면 꽤 많은 저축과 투자가 필요하다는 사실을 알수 있다. 예비자산에서 보장자산, 집자산, 은퇴자산을 만드는 단계를 안정플랜이라 한다면, 투자자산을 본격적으로 만드는 단계는 자유플랜이라 할 수 있다. 재정적인 안정단계에 도달하기까지 수입의 30~40% 정도를 선저축에 반영해야 하고, 자유플랜 중 자녀교육자금을 마련한다면 수입의 35~45%의 추가 저축이 필요하다. 이를 모두 합산해보면 수입의 40~50%를 저축과 투자에 활용해야만 재정적인 자유에 도달하고 부자가 될 수 있다.

돈 관리 시스템에 따른 2011년 1월 재정상태표
(단위: 만 원)

	내역	2011년 1월초 현재 잔액	1월 불입액	2011년 1월 말 현재 잔액
예비자산	CMA	1,000		1,000
	예비자산 계	1,000		1,000
은퇴자산	상호저축은행 적금	240	10	250
	연금저축	1,440	25	1,465
	변액연금	750	25	775
	은퇴자산 계	2,430	60	2,490
보장자산	통합보험	30	6	36
	정기보험	140	7	147
	암보험	140	7	147
	보장자산 계	310	20	330
집 자산	주택청약종합저축	50	10	60
	장기주택마련펀드	2,900	40	2,940
	주식형적립식펀드	420	30	450
	집 자산 계	3,370	80	3,450
투자자산	변액유니버셜보험(자녀교육비)	400	20	420
	적립식펀드	200	10	210
	상호저축은행적금	220	10	230
	투자자산 계	820	40	860

물론 현실에서 자기 수입의 절반을 저축하고 투자하는 것은 쉽지 않다. 하지만 재정적인 자유로 가는 길을 선택했다면 젊어서부터 수입

의 절반 이상은 저축해야 하고,* 각각의 자산에 대한 필요성을 반드시 인식할 필요가 있다. 내가 말하는 대로 수입의 일정액을 꾸준히 투자한다면 당신의 재정은 안정을 찾을 것이며, 오랜 시간이 지나면 당신의 꿈이 이루어지리라. 명심하라. 미래라고 당신의 현재 재정상태가 현격하게 바뀌지 않는다. 오늘 내리는 결정이 미래 당신의 재정상태를 결정한다.

* 돈 관리 마법사는 핵심자산에 수입의 일정비율을 저축할 것을 권장한다. 권장저축 비율은 현재까지 아무 준비를 하지 않은 사람이 핵심자산 만들기를 시작할 때 적용되는 비율이다. 이미 저축을 하고 있거나 목돈이 있는 사람은 목돈을 배분하여 월별 저축액을 줄일 수 있다. 따라서 젊은 시절부터 수입의 절반 이상을 저축한 사람들은 나이가 들수록 저축 비율이 줄어든다. 왜냐하면 집을 마련하거나 자녀교육자금을 모두 마련한 이후에는 더 이상 그 자산에 적립할 필요가 없어지기 때문이다.

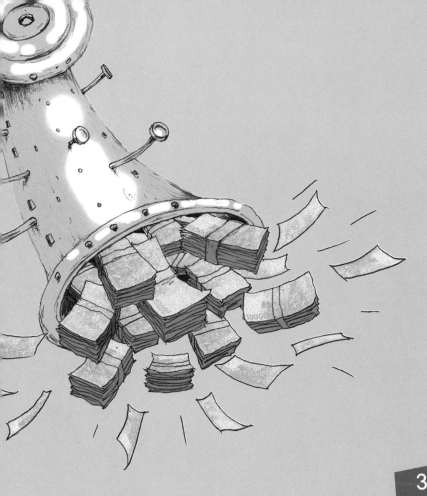

3장

예비자산이 있어야
급할 때 빨리 불을 끈다

돈을 원한다면 돈을 소중히 여겨야 한다.
우리에게는 많은 친구가 있다.
그러나 변함없이 필요할 때 언제라도 도와줄 준비를 하고 있는
저금통장이라는 친구 보다 좋은 친구는 없다.

— 존 템플턴

예비자산은 단순한 급한 불을 꺼주는 응급자산의 역할 외에도 빚과 소비로부터 핵심자산을 지켜주는 기초자산이다. 급한 순간 돈이 궁해지면 더 비싼 대가를 지불하고 돈을 빌려야 한다. 집을 사고 자녀학자금을 마련하고 돈 걱정 없는 노후를 위한다면 가장 먼저 예비자산 곳간부터 채워 넣어야 한다.

빚과 소비의 유혹을 뿌리치고
기초자산부터 세워라

예비자산은 다른 말로 하면 비상금emergency money 또는 예비자금이라고 할 수 있다. 갑작스런 실직, 폐업 등으로 소득이 끊기거나 위급한 질병, 사고로 인하여 돈이 필요한 경우에 대비하여 꼭 필요한 자산이다. 예비자산은 단순히 긴급자산으로만 생각할 것이 아니라 빚과 소비로부터 핵심자산을 지켜주는 상징적인 의미까지 포함하고 있다.

요즘 사람들은 돈을 벌면 수입계좌(월급쟁이의 경우 월급통장)에 돈을 묵혔다가 돈 쓸 일이 생기면 그때그때 수입계좌에서 지출한다. 나도 은행에 근무하기 전까지 월급통장은 월급을 받기 위한 수단으로만 생각했다. 그러다 보니 월급이 들어오면 바로 신용카드 대금으로 나갔고, 또 필요할 때마다 현금자동인출기에서 수수료를 지불하면서까지 돈을 찾아 썼다. 간혹 목돈이 급히 필요할 때에는 월급통장과 연계된 마이너스

대출을 활용했다. 돈을 더 벌면 된다는 생각과 다음 달 월급이 어김없이 들어올 거라는 확신에서 빚과의 동침을 시작한 것이다. 이때부터 상황이 역전되기 시작한다. 월급이 아름다운 미래를 위한 자산을 만드는 수단이 아니라 빚을 갚기 위한 대출통장으로 돌변하는 것이다. 그렇게 되면 미래소득까지 당겨써버려 돈에 질질 끌려 다니게 된다.

내가 만나본 '과거의 나'와 같은 사람들의 특징은 돈을 더 많이 벌어서 마이너스를 해결하려고 한다. 특히 전문직에 종사하는 돈을 좀 번다고 하는 사람들이 그런 특성을 보일 때가 많다. 참으로 큰일 날 일이다. 그렇게 하다 보면 죽는다. 갑자기 무슨 소리인지 의아할 것이다. 즉, 더 일해서 돈을 더 벌려다 죽는다는 것이다. 이것이 바로 돈 관리가 되지 않는 사람의 말로다. 이는 돈을 더 벌어서 해결할 수 있는 문제가 아니다. 돈을 아무리 잘 벌어도 잘 관리하지 못하면 백만장자처럼 벌어도 해결되지 않는 게 돈 문제다.

만일 당신이 갑작스러운 실직으로 돈을 벌 수 없게 된다면 지금 당장 갖고 있는 돈으로 몇 달의 생계를 꾸려갈 수 있을까? 물론 생각조차 하고 싶지 않을 것이다. 돈에 대해 이야기하는 것조차 부담스러워 하는 것이 우리의 현실이니까.

많은 사람들이 돈에 쪼들려봐야 그제야 돈의 소중함을 깨닫는다. 이미 돈이 나의 삶에서 아주 높아졌고, 돈의 굴레에 사로잡혀 나의 페이스를 잃어버린 지 오래이다. 그렇게 되면 자신감마저 잃어버리고 만다. 돈은 숫자이기 때문에 결코 당신을 속이지 않는다. 숫자로 표시된 재정상태는 우리에게 근거 없는 희망을 보여주지는 않는다. 어떤 상황에도 당신의 용기를 꺾을만한 빌미를 돈에게 제공하지 말아야 한다.

5대 자산 중 첫 번째 예비자산은 돈에 대한 자신감을 회복하기 위한 상징적인 의미가 상당히 크다. 예비자산은 빚과 소비의 유혹으로 핵심 자산을 허물어뜨리지 못하도록, 또 돈 걱정이 고개 들어 활개를 치며 당신의 용기를 갉아먹지 못하도록 하는 장치다.

예비자산 이야기를 하면 이렇게 말하는 사람들도 많다.

"통장에 몇 달 치의 생활비를 유지하기보다는 마이너스를 받아 집을 사든지, 주식에 투자해서 종자돈을 만들어야 하는 것 아닌가? 젊었을 때에는 돈에 쪼들리더라도 대출을 갚아 나가는 것이 돈 버는 지름길이다."

이렇게 말하는 사람들의 말도 일리는 있다. 그렇지만 그렇게 돈 관리를 하다 보면 당신의 재정상태표의 왼쪽에 있는 전 재산은 집 한 채만 덩그러니 남고 오른쪽인 부채항목에는 여러 종류의 빚만 득실거리는 위험을 감수해야 할 것이다. 혼돈의 돈 관리를 하는 것이다. 과거에는 그렇게 성공한 사람이 많았다. 나도 인정한다. 그런 시대였기 때문이다. 그런데 아직 인생이 끝난 건 아니다. 지금의 현실을 보면, 그러한 돈 관리 방식의 결과가 어떠한가? 혹시 현재 빚과 집 문제로 고민하고 있지 않은가?

예비자산의 일정 잔액을 유지하는 것은 올인 재테크를 방지하고 빚과 소비로부터 나의 가정을 지키기 위한 훈련이라고 생각하라. 나는 군대에서 공수훈련을 받으면서 인간이 가장 공포를 느낀다고 하는 11미터 높이의 막타워를 타고 점프를 한 적이 있다. 정말 아찔했지만 짜릿한 경험이었다. 막타워 훈련은 비행기에서 낙하산을 매달고 지상으로 점프를 하기 이전에 훈련목적으로 수행된다. 처음부터 비행기에서 점프하라고 하지 않고 막타워 훈련을 반복 연습함으로써 결국 비행기에서 용감하게 뛰어내리는 것이다. 집을 사고 노후를 대비하는 핵심자산을 만들기 위해서는 가장 먼저 예비자산을 성실하게 만드는 훈련을 해야 한다.

예비자산, 얼마나 갖고 있어야 하는가

예비자산 통장에는 얼마를 갖고 있어야 할까? 이는 전적으로 당신의 월 생활비 수준과 당신 소득의 안정성 여부에 따라 달라진다. 여기서 생활비는 월 고정지출과 월 변동지출을 합한 금액을 말한다. 당신의 월수입이 규칙적이라면(당신이 공무원이거나 안정적인 직장을 갖고 있는 경우 등), 월 생활비의 3개월 치 정도를 잔액으로 유지하면 된다. 만일 수입이 들쭉날쭉 늘었다 줄었다 하는 자영업자라면 6개월 치 정도의 잔액을 유지하는 것이 좋다. 평탄한 삶을 위해서라면 가장 먼저 예비자산을 만들어야 한다.

인구학회 조사에 따르면 가장이 실직한 후 2년 이내에 이혼 등으로 가정이 해체되는 위기를 맞는 경우가 많지만, 실직 후 2년을 넘기면 이혼 가능성이 현저히 줄어든다고 한다. 2년 이내에 이러한 실직의 위기를 극복할 수 있는 대안도 미리 저축해둔 예비자산 통장이 될 것이다. 가정경제의 극단을 피하는 범퍼 역할까지 담당한다 할 수 있다.

예비자금은 예상치 못한 일로 소득이 중단되거나 가족의 응급치료를 위한 대비이므로 쉽게 인출할 수 있는 금융상품이 좋다. 수시 입출이 가능해야 하며, 핵심자산과 연결할 수 있는 통로 역할을 해야 한다. 예비자산 통장으로 적합한 금융상품은 이미 많이 나와 있다. 현재 당신이 거래하는 은행이나 증권사, 종금사에 가서 목적에 맞는 예비자산 통장을 개설하라. 예비자산 통장과 연계된 체크카드를 활용하면 가계부를 쓰지 않고도 지출내역을 편리하게 확인할 수 있으니 많은 도움이 될 것이다. 예비자산으로 당신의 불안감을 해소하고 자산까지 늘려갈 수 있으니 꿩 먹고 알 먹는 셈이다.

예비자산 통장을 만드는 첫 시도는 당신의 돈 관리에 시동을 거는 계기가 되는 셈이다. 금융기관별로 CMA통장, 두드림통장(SC제일은행), MMF 등의 명칭으로 된 상품에 하루만 맡겨도 연 환산 이자가 3~4% 정도인 상품을 출시하고 있다.

예비자산 통장은 가능한 한 2~3개 이내로 갖고 있는 게 좋고, 수수료 면제, 향후 대출 받을 때 금리감면, 통장금리, 지출관리 등을 통합적으로 고려하여 당신에게 맞는 상품을 고르면 된다. 단, 6개월 이상의 기간을 요하는 정기예금이나 원금손실 가능성이 있는 펀드(MMF 제외)는 예비자산으로 적합하지 않으니 반드시 유동성이 보장된 상품 중에서 가입해야 한다. 현재를 살아가는 당신의 현실보장 자산의 성격을 갖고 있기에 그 정도 수익이면 괜찮다. 한창 투자에 몰두하고 있는 사람들은 3~4%의 금리에 만족하지 않고, 예비자산으로 남겨둬야 할 돈까지 펀드나 주식에 몽땅 투자한다. 그건 참으로 어리석은 짓이다. 급한 순간 돈이 궁해지면 더 비싼 대가를 지불하고 돈을 빌려야 하기 때문이다. 또한 "투자할 때 어느 정도 유동성 현금자산을 갖고 있어야 주가가 급락했을 때 저가매수를 할 수 있지 않냐."고 반문하는 분들이 있다. 맞다. 당연히 유동성 현금자산이 있어야 한다. 그런 유동성 현금자산은 투자자산이나 은퇴자산 주머니로 각각 마련하면 된다. 여기에서 말하는 예비자산은 생활비의 일부를 긴급한 자금이 필요할 때 활용하기 위한 자금이라는 사실을 잊지 마라.

매달 받는 급여소득으로 이미 예비자산 곳간을 채웠다면 추가로 발생하는 자금, 즉 비정기적인 상여금 등은 예비자산 통장에 잠깐 두었다가 다른 핵심자산으로 이동하는 것이 좋다. 그리고 계절적 소비나 긴급한 일로 예산을 초과하는 지출이 발생하여 예비자산 통장 잔액이 당신이 정해놓은 잔액 이하로 떨어지는 경우에는 그 잔액을 다시 채워 일정 잔액을 반드시 유지하도록 한다.

예비자산을 빨리 만드는 법

    예비자산을 마련하기 위해서는 수입에서 발생하는 현금흐름 관리를 잘 해야 한다. 즉, 저축과 지출에 대한 시스템을 마련하고 체계적으로 관리해야 한다. 매월 얼마를 벌고 또 쓰는지는 사람마다 다르겠지만, 당신 '가정 주식회사'의 예산을 세워 돈에게 명령을 내려야 한다. 만일 돈에게 명령을 내리지 못한다면 돈이 당신 곁을 어느 순간 떠날지 모른다. 우리가 흔히 알고 있는 방법으로 예산을 세우고 실행하는 표준모델은 저축과 지출에 대한 항목별로 월별 한도를 정하고 가계부를 쓰는 것이다. 아이들에게 엄마의 잔소리 같은 규율과 훈련이 필요한 것처럼 저축을 제대로 하지 못하고 있는 초보단계에서는 지출 항목별로 월별 한도를 정하고 실행하는 것이 반드시 필요하다. 물론 돈 관리 초보단계를 넘어서 목적별 돈 관리 시스템을 작동시키기 시작하면, 저축 이후 남는 돈을 쓰면서 자기만의 방법으로 스스로 통제하면 된다. 그때에는 더 이상 지출 항목별 한도 관리 또는 가계부를 쓰지 않아도 되고 돈 관리 시스템만 잘 활용하면 된다.

● 예산을 세우는 단계

지출 항목별 예산을 짜는 목적은 덧없는 순간적인 욕망을 애초에 없애버리고 꼭 필요한 곳에만 돈을 지출하는 데 있다. 우선, 당신의 매월 지출에 대한 통제 가능성 여부에 따라 고정지출과 변동지출로 분류해야 한다. 고정지출은 매달 고정적으로 지출해야만 하는 항목으로 자신이 조절할 수 없는 성격의 비용이다. 가령, 아파트관리비, 대출상환액, 세금과 공과금 등이 이에 해당한다. 변동지출은 당신의 의지에 따라 어느 정도 조절이 가능한 것으로 식비, 통신비, 의복비, 접대비 등이다. 처음에는 내역별로 지출을 살펴보고 하는 것이 시간도 많이 걸리고 쉽지 않다. 하지만 당신이 지출 통제를 잘 하지 못하여 예비자산 만들기에 번번이 실패하고 있다면 예산을 세우는 단계부터 철저히 해야 한다. .

● 예산을 실행하고 점검하는 단계

지출내역을 분류했다면 그 다음 당신이 해야 할 일은 실행하면서 지출내역을 점검하는 일이다. 그런데 지출항목을 실행한 이후 일일이 가계부를 쓰는 것은 쉽지 않은 일이다. 특히 요즘처럼 바쁜 일상을 보내는 사람들에게 매일 발생하는 지출을 정리하는 데에도 상당한 시간이 소요되기 때문에 작심삼일에 그치기 쉽다. 나는 바쁜 사람들에게 과연 가계부가 실용적인지 의문을 품을 때가 많았다. '가계부를 쓰지 않으면 돈 관리가 되지 않는가?'라고 말이다. 그래서 내가 생각한 방법은 통장 자체를 예산과 가계부로 활용하는 방법이다. 즉, 고정지출과 변동지출을 2개의 통장으로 나누어 관리하는 것이다. 당신의 수입통장에서 고정지출이 자동으로 이체되도록 하고, 변동지출은 또 다른 지출통장으로 이체하여 그 통장에서 현금을 찾아 쓰거나 체크카드로 결제하는 것이다.

예를 들어 홀수 달에는 300만 원, 짝수 달에는 200만 원을 버는 직장인 김씨는 지출내역을 점검해보니 매월 고정지출은 80만 원이었지만 변동지출은 들쭉날쭉하여 어느 달은 40만 원 어느 달은 130만 원이었다. 미래를 위해서는 월 120만원은 저축해야 하는데 현재 돈 씀씀이로 보아서는 그러한 저축을 하기도 어려울뿐더러 계획조차 제대로 잡기 어렵다고 생각했다. 그래서 김씨는 미래 저축을 위해 허리띠를 졸라매기로 결정하고 변동지출을 매월 50만 원으로 통제하기로 결심했다.

그는 수입통장에서 80만 원의 고정지출을 자동이체가 되도록 설정하고, 지출통장을 따로 하나 만들어서 매월 변동지출예산액 50만 원을 따로 둬 관리하기 시작했다. 그러자 매월 저축을 120만 원 씩 꾸준히 할 수 있게 되었고 변동지출액에 대해서 매월 50만 원 예산의 범위 내에서 지출하는 습관을 가질 수 있었다. 고정지출통장(수입통장에서 해결)과 변동지출통장으로 나누는 이유는 통장에서 통장으로 지출내역을 바로 확인할 수 있는 가계부 시스템을 만들고 변동지출에 대한 예산을 변동지출통장을 활용하여 수립하고 지출내역을 원활하게 확인하기 위한 것이다.

예비자산 통장

−	+	
지출: 비상용도 등	잔액유지	400

1월 수입(월급) 통장

−		+	
고정지출	80	1월 수입	300
변동지출통장이체	50		
매월 저축	120		
계	250		
이월잔액	50		

1월 지출 통장

−		+	
체크카드활용	50	수입통장 이월	50

2월 수입(월급) 통장

−		+	
고정지출	80	1월말 잔액	50
변동지출통장이체	50	2월 수입	200
매월 저축	120		
계	250		
이월잔액	0		

2월 지출 통장

−		+	
체크카드활용	50	수입통장 이월	50

3월 수입(월급) 통장

−		+	
고정지출	80	2월말 잔액	0
변동지출통장이체	50	3월 수입	300
매월 저축	120		
계	250		
이월잔액	50		

3월 지출 통장

−		+	
체크카드활용	50	수입통장 이월	50

그런데 여기서 몇 가지 주의해야 할 것들이 있다. 통장 자체를 가계부로 활용하기 위해서는 지출내역을 쉽게 확인할 수 있어야 한다. 먼저 지출항목에 대한 자동이체 또는 온라인 이체 시 그 내역을 제대로 알 수

있도록 기재해야 한다. 그리고 변동지출통장은 체크카드를 사용하고 그 내역을 확인할 수 있도록 한다.(물론 신용카드를 활용하는 경우에는 카드 명세서를 각각 분석하면 된다. 하지만 그 다음 달이 되어서야 점검할 수 있기에, 예비자산 만들기에 번번이 실패하는 사람은 체크카드를 사용할 것을 권장한다. 당신이 예비자산도 제대로 만들었고 돈 관리에 어느 정도 자신감이 생기기 시작한 이후라면 신용카드를 잘 활용하면 체크카드와 동일한 효과를 얻을 수 있다.) 체크카드를 사용하게 되면 통장의 잔액 한도 이내에서 지출하여 돈이 없는 상태에서 무작정 신용카드를 긁어버리는 무분별한 심리를 차단할 수 있다. 체크카드를 사용할 때에는 출금 내역뿐만 아니라 잔고 통보를 해주는 sms 서비스를 꼭 신청하기 바란다. 그래야 통장에 잔액이 얼마 남았는지 알게 되고 지출을 통제할 수 있기 때문이다.

한 번 시간을 들여 시스템으로 만들고 나면 그 다음부터는 '의지'의 문제만 남는다. 예비자산을 제대로 만들어 흑자인생의 출발점에 설 때까지만 조금만 참아라. 정해진 규율대로 절제하는 인내의 시간이 지나면 당신 스스로 핵심자산을 만드는 자유의 길로 반드시 들어서게 될 것이다.

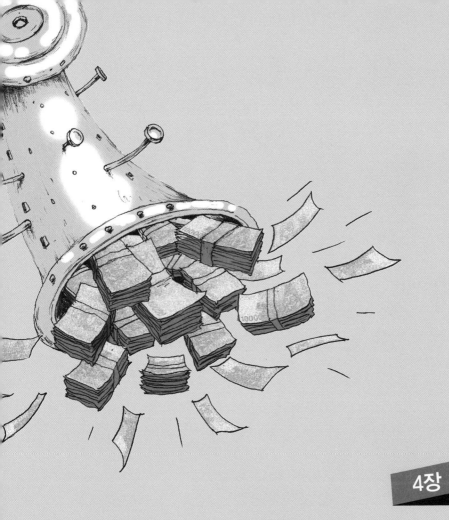

4장

가족의 보금자리, 집자산으로
계획하고 마련하라

자녀에게 어떤 일을 할 수 있을 만큼만 돈을 물려주되
아무것도 하지 않아도 될 만큼 물려주지는 말라.

— 워렌 버핏

집이 있어도 가난한 시대다. 대출을 받아 집을 샀지만 집값은 점점 더 떨어지고 대출
이자는 점점 더 높아지고 있다. 그러면 결국 깡통주택으로 전락하고 만다. 집을 사기
전에 기회비용을 따져보고 자신의 수입 수준에 맞춘 집자산 주머니를 조금씩 불려나
가면서 가족의 안전한 보금자리를 마련하라.

집에 전 재산을 쏟아붓지 마라

월가의 살아 있는 전설로 불리는 주식투자의 대가 피터 린치Peter Lynch는 1977년부터 1990년까지 13년 동안에 그의 고객에게 25배의 수익을 안겨준 인물이다. 그에게 1,000만 원을 맡긴 사람일 경우 10년 후 2억 5,000만 원을 벌었다는 얘기다. 연복리로 따져볼 때 무려 28%에 해당하는 정말 놀라운 수익률이다. 그런 그가 주식투자를 할 수 있는 자격 조건 1순위로 내세우는 것은 "현재 내 집을 소유하고 있는가?"이다. 내집을 소유하고 있지 않다면 당장 주식 투자를 중단하라고 한다. 참 흥미로운 이야기다. 굳이 피터 린치까지 끌어들이지 않아도 우리나라 사람들은 내 집 마련을 최고의 목표로 생각한다. 우리나라는 경제 성장과 함께 물가가 지속적으로 올랐고 실물자산인 집값도 예외는 아니었다. 그결과 대출을 받아 집 사는 것이 대중적으로 학습된 것 같다. 실제 버블세븐지역(강남, 서초, 송파, 양천, 분당, 평촌, 용인)에 있는 아파트는 대출이자와 세금을 모두 공제하고도 물가상승률을 상쇄할만한 매력적이고 안정적인 수익률을 안겨준 것은 부인할 수 없는 사실이다.

하지만 2007년 이후 서브프라임에서 시작된 금융위기로 인해 전 세계 집값이 큰 폭으로 동반 하락하자, 우리도 일본처럼 집값이 대거 하락할 수 있다는 의견이 대두되었다. 소득에 비해 너무 비싼 집값이 버블일지도 모른다는 의구심이 커지기 시작한 것이다. 집값의 버블 가능성을 주장하는 사람들은 가계의 자산구조가 부동산에 너무 쏠려있어 환금성이 부족하고 지나치게 비싼 집값 때문에 대출을 너무 많이 짊어지고 있다는 점을 이유로 지적하고 있다. 전 세계적으로 비교해봐도 우리나라 개인자산의 부동산 쏠림 현상은 정말 이례적이다. 30년간 지속된 부동산 편애 현상이 만들어낸 장기적 추세의 결과물이다. 만일 버블이 사실이라면 집 한 채에 모든 것을 쏟아부은 가장들은 평생 번 수입의 대부분을 집 한 채 마련에 들어간 주택담보대출 원리금 상환을 위해 관성적으로 저축만 하다가 노후를 맞이하는 비극을 맞는 셈이다.

통계청에서 발표한 미래 인구구조의 변화에 따르면 2011년 이후에는 집을 매수할 수 있는 주축세력인 35~54세 인구가 감소하기 시작한다. 과거 미국(미국의 경우 2007년부터 35~54세 인구가 감소하면서 2007부터 2009년 상반기까지 집값 폭락을 가져온 서브프라임 사태를 일으켰다고 보고 있다.)과 일본의 경험치를 놓고 본다면 집을 매수할 수 있는 주축세력의 감소는 수요와 공급의 이론에 따라 집값의 하락을 가져왔다. 이는 무심코 흘려보낼 수 있는 단순 사실이 아니다. 만일 우리나라 집값도 급격하게 하락한다면 가계에 큰 위기가 닥칠 수 있다.

베이비붐 세대 은퇴의 영향: 인구변동과 주택가격 추이

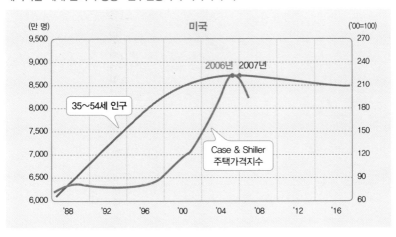

※ 베이비붐 세대 은퇴와 더불어 2007년 이후 35~54세 인구가 감소
 ➡ 주택가격도 비슷한 시기인 2006년부터 크게 하락

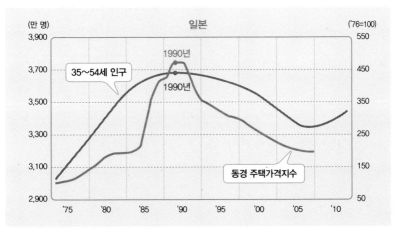

※ 1990년대 베이비붐 세대 은퇴와 함께 35~54세 인구가 감소 - 부동산 거품 붕괴 시기와 비슷
 ➡ 베이비붐 세대가 은퇴하면서 부동산 수요가 줄어들었다고 추정 가능

(출처: 통계청)

한국

(만 명)
1,800
1,600
1,400
1,200
1,000
800

('07.12=100)
130
110
90
70
50
30

2011년

35~54세 인구

주택가격지수

'86 '90 '94 '98 '02 '06 '10 '14 '18 '22 '26 '30

※ 베이비붐 세대가 은퇴하면서 35~54세 인구가 2011년부터 감소
→ 일본·미국의 행태를 따를지, 면밀한 검토 필요   (출처: 통계청)

　　앞서 피터 린치의 "투자를 하기 전에 집을 먼저 사라."는 말을 인용하면서 집값이 떨어진다는 이야기를 하니 당황스러울 것이다. 과거의 경험과 최근의 흐름을 보면 앞으로 집을 보유하는 것이 과연 타당한 것인지 고개를 갸우뚱하게 만든다. 나는 장래의 일을 예언할 능력이 없다. 하지만 과거에 비해 집값의 변동 위험이 커졌기에 더더욱 전 재산을 집에만 쏟아붓는 것은 위험하다. 많은 사람들이 집에 올인하지 말라는 말은 많이 하지만 사실 어떻게 해야 하는지 그 지침을 알려주는 전문가는 없다. 그러면 보통의 사람들은 두 가지 반응을 보인다. 나중에 골칫덩어리가 될 수 있는 집을 사지 말라는 것으로 받아들이거나 아니면 애써 외면하며 대담한 마음으로 질러버린다.

수입의 20%로 집을 구입하라

나는 이 시점에서 집 장만에 필요한 지침을 제안하고자 한다. 집에 전 재산을 걸어서는 안 된다. 5대 자산의 일부로써 철저하게 분산투자해야 한다. 즉, 수입 자동배분 시스템에서 당신의 소득(연봉)의 20%를 집에 배분한다고 마음먹고 집을 구입하라. 수입의 20%를 집자산에 반영하라는 말에는 독자에 대한 배려와 미래 집값의 변동 가능성 등을 모두 내포되어 있다. 20%는 결코 그냥 나온 것이 아니다. 단지 서울을 비롯한 버블세븐지역에만 해당하는 얘기가 아니다. 앞으로는 5대 자산이 정말 중요한 역할을 할 것이기에 집값에 대한 소득 비중은 20% 이내로 할 것을 당부한다.

먼저 나는 "집을 구입해야 하는가."라는 질문에는 피터 린치의 말에 상당한 설득력이 있다고 생각한다. 그 이유는 첫째, 집은 부동산이나 투자의 대상 이전에 나와 내 가족의 보금자리로써 사용가치가 훌륭한 자산이기 때문이다. 내 가족과 내가 쉴 수 있는 귀중한 울타리가 되기에 1주택을 갖는 것은 아주 훌륭한 선택이다. 또한 집 장만을 통해서 나의 재산 중 일부를 부동산에 분산투자할 수 있고, 전세의 서러움을 겪지 않고 남의 눈치 보지 않으며 우리 가족의 안정을 보장해주기 때문이다. 집 한 채는 실물자산으로써 집값이 급등하지 않는 지역이라 하더라도 장기적으로 볼 때 물가상승률만큼은 자산가치를 보존할 수 있으므로 5대 자산으로서 무리가 없다. 집을 은퇴자산과 별도의 자산으로 분류하였지만 은퇴 시점이 다가오면 집은 훌륭한 은퇴자산으로도 활용할 수 있다. 따라서 나는 누구나 자신의 소득과 재정상태에 적합한 집 한 채를 보유하는 것을 권장한다. 집을 마련한 후 장기간 보유해서 안정적인 가정을 이룬 사람은 찾아보기 쉽지만, 주식을 장기간 보유해서 돈을 벌었다는 이야기는 주변에서 들은 기억이 별로 없는 것 같다. 내가 살 집에 대한 투자가 금융자산과는 또 다른 안정감을 주는 이유가 바로 여기에 있다.

당신이 현재 집을 보유하고 있거나 앞으로 마련할 계획이라면, 다음의 이야기를 통해 집자산 주머니를 어떻게 운영해나갈 것인지 잘 생각해보라.

집을 사기 전에
기회비용을 따져봤는가

    내 집을 갖고자 한다면 완전한 내 집이 되기까지 상당한 기회비용이 필요하다. 한번 사용한 돈은 다른 곳에 사용할 수 없다고 누누이 말한 것처럼 내 집을 소유한다는 것은 다른 곳에 투자할 수 있는 기회를 대신하는 것이다. 예를 들어, 서울에 국민주택규모인 105㎡ 아파트에서 전세금 2억 원에 거주하던 A는 모기지대출을 통해 지금까지 모아놓은 저축액 5,000만 원과 대출 2억 5,000만 원을 합쳐서 매매가 5억 원 아파트를 마련했다.

A의 집 마련 후 재정상태표

자산		부채	
아파트	5억 원	대출금	2억 5,000만 원
		순자산	2억 5,000만 원

집 마련 시 취득세 등 세금은 1,100만 원이고, 매년 재산세는 70만 원으로 가정한다. 대출금리는 연 7% 고정금리이고 대출금을 15년간 원리금균등분할상환 조건이라고 하면, 매월 갚아야 할 원리금은 225만 원이다. 매도했을 때 1세대 1주택으로 양도소득세는 비과세되어 없다고 가정하자.

A의 10년 후 재정상태표

자산		부채	
아파트	7억 원	대출	1억 1,348만 원
		순자산	5억 8,652만 원

※ 대출금 1억 1,348만 원은 대출 원금 2억 5,000만 원 중 10년간 원리금 균등분할 상환 조건으로 상환한 원금 1억 3,652만 원을 제외한 잔액이다.

만일 10년 후 A가 집을 매도한다면 매도 직전 그의 전 재산은 집 한 채가 전부이며 여전히 대출금이 남아있는 상태일 것이다. 만일 집값이 40% 상승해서 7억 원이 된다면 그의 순자산은 5억 8,652만 원인 셈이다.

당신의 10년 후 재정상태가 이와 같이 된다면 집을 구입하겠는가? 집값이 40% 상승하여 2억 원이라는 큰 금액이 늘어났으니 10년 이라는 시간을 생각하지 않으면 집을 구입한 것이 현명한 판단이었다고 생각할 수 있다. 집값이 10년간 40% 올랐다는 것은 연복리로 3.42%씩 성장했다는 의미이다. 40%라는 숫자와 연 3.42%가 어울리지 않는다고 생각할지는 모르겠지만 틀림없는 사실이다. 사람들은 10년간 40% 올랐다면 집값이 엄청나게 올랐다고 착각한다. 매월 225만원씩 집을 보유하느라 투자한 대출 원리금은 생각도 하지 않고 말이다.

만약 A가 집을 사지 않고 계속 전세에 살았다면 그의 재정상태가 어떻게 변하는지 보자. A가 집을 사지 않았다면 그는 취득세와 등록세, 재산세, 대출 원리금을 다른 투자에 활용할 수 있었다. 보수적인 분석에 따라 현재 여유자금 5,000만 원은 10년간 전세금을 올려주는 데 활용해서 이자수익의 기회를 잃었다고 가정하자. 금융자산에서 얻을 수 있는 수익률을 대출이자율보다 1% 낮은 연 6%로 가정해서 10년 후 재정상태를 추적해보자.

10년 후 기회비용 요약

지출		10년 후 시점의 가치
집 마련 시 취득세 등	1,100만 원	1,970만 원
10년간 대출 원리금 총액	2억 7,000만 원	3억 6,872만 원
10년간 재산세 총액	700만 원	922만 원
집 관련 총지출액	2억 8,800만 원	3억 9,764만 원

A의 집을 마련하지 않은 경우 10년 후 재정상태표

자산		부채
전세금	2억 5,000만 원	
금융자산	3억 9,764만 원	
총자산 = 순자산	6억 4,764만 원	

A가 집을 사지 않았다면 순자산 6억 4,764만 원을 보유할 수 있었는데, 집을 마련했기 때문에 순자산 5억 8,652천만 원을 보유하게 되어 6,112천만 원만큼 재산손실을 입었다. 만약 A가 집을 산 것이 성공적이었다면 10년간 집값이 52%((7억 6,112만 원-5억 원)/5억 원)가 올랐어야 한다. 52%를 연복리로 환산하면 4.28%이다.

　집값이 10년간 52% 오르는 것이 당연한 것 같지만 실제로 강남3구를 제외한 지역에서는 과거 10년간 집값이 30% 이상 오른 지역은 드물다.(국민은행 1995.1.1일부터 2005년 1.1일까지 10년간 집값동향자료 참고.)

　1986년부터 2005년까지 20년간 전국의 아파트 가격은 2배가량 상승했고, 그중에서 서울의 아파트 가격은 평균적으로 2.5배 올랐다고 한다. 연복리로 환산하면 전자는 3.53%, 후자는 4.69% 상승했다는 말이다.

집 장만, 서두르지 마라

향후 5년 후에는 우리나라에서는 베이비부머 세대(1955년생 이후)의 은퇴가 본격화되면서 은퇴자산을 마련하지 못한 사람은 보유한 집을 매도하든지, 대출을 받든지, 어떻게 하든지 생활비를 조달하려 할 것이다. 하지만 주택을 구매할 수 있는 인구는 줄어들게 되어 있다. 1960년대는 가임여성이 6명을 낳았고 그들 중 단 1명만이 부모로부터 집을 상속받을 수 있었지만, 이제는 1명만 낳는 것이 대세인 'only child' 시대이다. 10년 이후의 일이 되겠지만 그들은 집이 있는 양가에서 두 채의 집을 상속받을 가능성이 농후하다.

또한 과거에는 물가가 지속적으로 올랐다. 물가에 영향을 미친 변수 중 하나는 우리나라 경제성장률이다. 고도성장을 지속했던 1970~1990년대까지 높은 경제성장률은 실제 돈의 가치를 떨어뜨리는 물가앙

등을 가져왔고, 물가앙등은 실물자산 중 집값 상승을 가져왔다. 그러나 최근 2000년대 들어 경제성장률은 낮아지고 물가도 과거 같지 않다. 이제는 획기적인 생산력이 뒷받침되지 않는 한 2000년 이전 시대에서 경험한 것 같은 물가상승은 어려울 것이다.

이러한 이유로 나는 집 마련에 급히 서두를 필요가 없다고 생각한다. 드디어 집 마련도 'buyer market'의 시대가 도래했다. 즉, 수입의 전부를 집 한 채에 쏟아붓는 것은 어리석은 일이 되어버렸다. 이제는 수입의 일부를 꾸준히 투자해서 내 집을 사야 하는 시대다. 집값은 과거에도 그랬고 앞으로도 그럴 것이 계속 변동하며, 과거보다 낮은 물가상승률을 반영하며 오를 가능성이 크다. 1988년부터 1991년까지 폭등했던 서울의 집값도 1992년부터 떨어지기 시작하며 1998년까지 크게 오르지 못했다. 물론 2000년대 초반부터 그동안 물가상승률만큼도 못 오르던 것을 한꺼번에 반영하며 2007년 초반까지 집값이 폭등하며 서민들의 마음을 아프게 했지만 그것은 당신의 최근 기억일 뿐이다. 다시 말하지만 서울 아파트 가격의 20년간 연복리 수익률은 5%가 채 안 된다. 그리고 앞으로는 집을 매수할 인구가 줄어들면서 장기적으로 집을 통해 고수익을 거두기는 쉽지 않을 것이다. 장기적인 거주 목적이 아닌 단기적 차익 실현을 목적으로 한 집 투자는 거래비용과 세금만을 부담하며 기회비용도 건지지 못할 가능성이 크다. 이제 집은 안식을 취할 자산이며 장기적인 물가상승에 대한 방어수단으로 은퇴 이후에는 은퇴자산의 보조수단으로 분류되는 자산이 되어야 한다.

현재 집이 없다면 집 마련을 위해 저축하고 투자하라. 뚜렷한 목표를 가지고 3개 이상의 통장을 만들어 준비하라. 집을 마련하기 위한 주머니가 어느 정도 준비되었고 집값이 하향 안정화되는 시점에 집을 마련하면 된다. 하지만 집을 마련하기 위한 구체적인 준비를 전혀 하지 않다가 집값이 상투를 찌르면 불안한 마음을 못 이기고 무리하게 대출을 받아 비싼 주택을 덥석 사버리는 사람이 종종 있다. 참 안타까운 현실이다. 그뿐만 아니라 집이 있는 사람도 현재 보유하고 있는 집이 자신의 소득 수준과 미래의 은퇴계획에 적합한지 생각해봐야 한다. 집값이 소득 수준보다 높다고 판단되면 은퇴를 고려해서 소득 수준에 적합한 집으로 천천히 갈아탈 준비를 해야 한다. 부동산은 주식과 달리 과거 1990년대 중반처럼 집값이 하향 안정세가 되는 시점이 있다. 그리고 부동산은 오르기 시작하면 조금씩 오르는 게 아니라 계단처럼 오르는 경향이 있어서 주식투자를 하듯이 부동산투자를 하면 거래비용도 건지기 힘들다.

소득 대비 적정 집값

우리나라 40대 초반 가족의 거주용 집 한 채(대출을 차감하기 전 총액)와 금융자산(예비금융자산+은퇴금융자산+투자금융투자산)의 비율은 2대 1을 기준으로 하여 금융자산을 늘려가는 것이 적절하다. 나는 집 한 채를 보유한 사람들이 여유자금으로 재건축이나 재개발지분에 투자하겠다고 하면 추가적으로 부동산에 투자한 이후에도 지금 보유한 집값의 50%

만큼의 금융자산을 유지할 수 있는지를 반드시 점검할 것을 권한다. 만약 현재 2억 원의 집을 보유하고 있다면 금융자산을 1억 원만큼 유지한 채로 투자용 부동산을 구입해야 재정상태의 어려움을 초래하지 않는다. 즉, 당신 집값의 50%에 해당하는 금융자산이 없다면 추가적인 부동산 투자는 보류하는 것이 좋다.

만약 당신의 소득과 대출을 활용하여 집을 장만해야 한다면 다음의 구체적인 가이드라인을 따르라. 아래에 제시하는 것과 같이 대출이자율에 따라 소득대비 형편에 맞는 집값은 달라진다. 당신 연봉의 4.6~5.8배 이내의 범위 내에 있는 집이 당신 소득대비 적정 집값이다. 적정 가격 범위의 주택을 고른 뒤 주택가격의 40% 이내에서 대출을 받으면 대출 원리금 상환액은 당신 소득의 20% 범위 이내에서 결정될 것이다.(대출상환기간은 20년, 조건은 원리금균등분할 상환임.)

대출이자율에 따라 당신의 집값이 당신 소득대비 적정한지를 보려면 아래의 표를 활용하라.

모기지대출이자율별 연소득의 적정배수를 곱한 집값 산출

대출이자율	6%	7%	8%	9%
소득의 배수	5.82	5.37	4.98	4.63

가령 평균월급이 400만 원인 사람의 경우 대출금리 연 6% 모기지 대출을 20년 동안 원리금 균등분할상환 조건으로 대출을 받아 집을 마련한다면, 400만 원×12×5.82배인 2억 8,000만 원이 소득으로 마련할

수 있는 적정 취득가격이다. 대출은 2억 8,000만 원의 40% 이내인 최대 1억 1,000만 원 범위 내에서 받으면 매월 원리금상환액은 소득의 20% 이내가 된다. 대출금액을 제외한 1억 7,000만 원이 집 마련을 위해 미리 모아야 할 목표금액이 된다. 만약 기존에 전세금이나 모아둔 목돈이 있다면 1억 7,000만 원을 마련하는 데 좀더 수월하거나 소득대비 좀더 좋은 집을 구입할 수 있다.

소득 대비 적정 주택을 매수하는 경우

소득대비 목표 집값	2억 8,000만 원
전세금	−1억 원
DTI 20% 대출액	−1억 1,000만 원
향후 마련해야할 돈	7,000만 원

우선, 집 마련을 위해 집자산 주머니에 매월 수입의 20%를 배정한다. 가령, 수입이 400만 원이라면 매월 투자할 돈은 80만 원이다. 매월 80만 원으로 3개 이상의 집 마련을 위한 통장에 투자해서 종자돈을 늘려나가야 한다. 만일 6년 동안 7,000만 원을 마련하려면 집 자산 주머니를 세후복리 6.3% 이상의 수익률로 운용하면 된다. 6년 동안 수입의 20%를 꾸준히 투자하면서(그동안 당신의 수입이 늘면서 실제로 6년 후 7,000만 원 이상의 금액이 모일 것이다.) 집값의 동향을 예의주시해서 집을 장만하면 된다.

이 때 중요한 것은 당신의 소득대비 적정 주택 가격을 이해하는 것이다. 그리고 당신이 부담 없이 갚아나갈 수 있는 범위 내에서 대출(적정 주택 가격의 40% 이내, 그리고 당신 소득의 20% 이내)을 받아 지금까지 모아둔 돈과 합하여 당신의 집을 마련하면 된다. 다시 한 번 말하지만 서두를 필요 없다. 현재 집이 없더라도 집자산 주머니 속에 미래에 장만할 집자산 중 자기자본을 확보하면 된다.

그리고 집 마련은 우리가 살면서 가장 큰 자금이 들어가는 중요한 일이므로 반드시 본인에게 적합한 청약통장을 구비하여 구체적이고 현실적인 전략을 수립해야 한다. 당신이 신혼부부라면 신혼부부 특별분양을 노릴 수 있을 것이며, 부양가족이 많고 무주택기간이 길어 청약점수가 높다면 민영주택에 당첨을 염두에 둔 전략을 마련하면 된다. 2009년부터 새로 도입된 주택청약종합저축, 기존에 있던 청약저축, 청약부금, 청약예금 등 각 금융상품들의 장점을 파악하고 본인의 형편에 맞는 저축통장을 선택해서 전략적으로 준비하라. 집이 있는 사람도 향후 더 좋은 집으로 갈아타기 위해서 주택청약종합저축을 준비할 필요가 있다. 이제껏 청약을 통해 양도차익을 본 사람이 많은 건 당신이 더 잘 알 것이다.

깡통주택으로 전락할 위험

이제 가족이 편안히 거주하던 공간에서 은퇴를 대비하는 자산으로 집에 대한 인식을 전환하고 노후를 위해 금융자산의 비중을 늘려가야 한다. 국민임대주택 또는 분양전환되는 임대주택의 청약을 통해 내 집 마련을 하는 것도 훌륭한 방법이다.

집자산 주머니에 편입될 수 있는 금융상품으로는 다음의 것들이
있다.

집 마련 금융 포트폴리오	비중	비고
주택청약종합저축	청약을 위한 가입한도와 불입기간 고려	청약 전략에 따라 선택
주식형펀드(간접투자, 위험자산)	30~80%	3개 이상의 펀드 선택
상호저축은행 정기적금과 정기예금(안전자산)	20~70%	1인당 원리금 5,000만 원 범위 내 부부 인별 분산, 저축은행 분산하여 여러 통장으로 분산

지금 당신이 집을 이미 보유하고 있으며 주택담보대출을 안고 있다
면 매월 대출 원리금 상환액이 당신 월 소득의 20% 이내인지 점검하라.
만일 20%를 훨씬 초과하고 있다면 대출기간을 늘리거나 최대한 절약모
드로 원금을 갚아나가 대출 원리금을 월 소득의 20% 이내로 대출을 줄
여야 한다.

다음의 표는 DTI* 20%, LTV**
40% 범위 이내에서 대출을 받아 집
을 구입하는 경우 대출이자율이 각각
연 6%, 7%, 8%, 9%일 때 주택 가격
대비 월 소득수준과 월 대출 원리금
상환액을 표로 만들었다. 참고하기 바
란다.

● DTI: Debt to Income란 대출받
는 사람의 소득대비 대출 원리금 상
환비율을 의미한다. 가령 월평균 급
여가 400만 원인 사람의 월대출 원
리금 상환액이 100만 원이면 DTI는
25%(=100/400)이다.

●● LTV: Loan to Value란 집값총
액 대비 부채비율, 즉, 주택담보대출비
율을 의미한다. 대출금 2억 원과 자기
자금 2억 원으로 집값 4억 원의 주택을
매수할 때 LTV는 50%(=2억 원/4억
원)이다.

대출이자율 연6%, 원리금 20년 균등분할 상환조건 대출
소득대비 대출 원리금상환율(DTI) 20%, 주택가격대비 대출액비율(LTV) 40%

월평균소득	적정주택 구입가격	DTI=40%대출액	주택자금 모은 돈	DTI=20% 원리금
1,000,000	69,790,386	27,916,154	41,874,232	200,000
2,000,000	139,580,772	55,832,309	83,748,463	400,000
3,000,000	209,371,158	83,748,463	125,622,695	600,000
4,000,000	279,161,543	111,664,617	167,496,926	800,000
5,000,000	348,951,929	139,580,772	209,371,158	1,000,000
6,000,000	418,742,315	167,496,926	251,245,389	1,200,000
7,000,000	488,532,701	195,413,080	293,119,621	1,400,000
8,000,000	558,323,087	223,329,235	334,993,852	1,600,000
9,000,000	628,113,473	251,245,389	376,868,084	1,800,000
10,000,000	697,903,858	279,161,543	418,742,315	2,000,000
11,000,000	767,694,244	307,077,698	460,616,547	2,200,000
12,000,000	837,484,630	334,993,852	502,490,778	2,400,000
13,000,000	907,275,016	362,910,006	544,365,010	2,600,000
14,000,000	977,065,402	390,826,161	586,239,241	2,800,000
15,000,000	1,046,855,788	418,742,315	628,113,473	3,000,000
16,000,000	1,116,646,173	446,658,469	669,987,704	3,200,000
17,000,000	1,186,436,559	474,574,624	711,861,936	3,400,000
18,000,000	1,256,226,945	502,490,778	753,736,167	3,600,000
19,000,000	1,326,017,331	530,406,932	795,610,399	3,800,000

대출이자율 연7%, 원리금 20년 균등분할 상환조건 대출
소득대비 대출 원리금상환율(DTI) 20%, 주택가격대비 대출액비율(LTV) 40%

월평균소득	적정주택 구입가격	DTI=40%대출액	주택자금 모은 돈	DTI=20% 원리금
1,000,000	64,491,253	25,796,501	38,694,752	200,000
2,000,000	128,982,506	51,593,003	77,389,504	400,000
3,000,000	193,473,760	77,389,504	116,084,256	600,000
4,000,000	257,965,013	103,186,005	154,779,008	800,000
5,000,000	322,456,266	128,982,506	193,473,760	1,000,000
6,000,000	386,947,519	154,779,008	232,168,512	1,200,000
7,000,000	451,438,773	180,575,509	270,863,264	1,400,000
8,000,000	515,930,026	206,372,010	309,558,016	1,600,000
9,000,000	580,421,279	232,168,512	348,252,768	1,800,000
10,000,000	644,912,532	257,965,013	386,947,519	2,000,000
11,000,000	709,403,786	283,761,514	425,642,271	2,200,000
12,000,000	773,895,039	309,558,016	464,337,023	2,400,000
13,000,000	838,386,292	335,354,517	503,031,775	2,600,000
14,000,000	902,877,545	361,151,018	541,726,527	2,800,000
15,000,000	967,368,799	386,947,519	580,421,279	3,000,000
16,000,000	1,031,860,052	412,744,021	619,116,031	3,200,000
17,000,000	1,096,351,305	438,540,522	657,810,783	3,400,000
18,000,000	1,160,842,558	464,337,023	696,505,535	3,600,000
19,000,000	1,225,333,812	490,133,525	735,200,287	3,800,000

대출이자율 연8%, 원리금 20년 균등분할 상환조건 대출
소득대비 대출 원리금상환율(DTI) 20%, 주택가격대비 대출액비율(LTV) 40%

월평균소득	적정주택 구입가격	DTI=40%대출액	주택자금 모은 돈	DTI=20% 원리금
1,000,000	59,777,146	23,910,858	35,866,288	200,000
2,000,000	119,554,292	47,821,717	71,732,575	400,000
3,000,000	179,331,438	71,732,575	107,598,863	600,000
4,000,000	239,108,583	95,643,433	143,465,150	800,000
5,000,000	298,885,729	119,554,292	179,331,438	1,000,000
6,000,000	358,662,875	143,465,150	215,197,725	1,200,000
7,000,000	418,440,021	167,376,008	251,064,013	1,400,000
8,000,000	478,217,167	191,286,867	286,930,300	1,600,000
9,000,000	537,994,313	215,197,725	322,796,588	1,800,000
10,000,000	597,771,459	239,108,583	358,662,875	2,000,000
11,000,000	657,548,604	263,019,442	394,529,163	2,200,000
12,000,000	717,325,750	286,930,300	430,395,450	2,400,000
13,000,000	777,102,896	310,841,158	466,261,738	2,600,000
14,000,000	836,880,042	334,752,017	502,128,025	2,800,000
15,000,000	896,657,188	358,662,875	537,994,313	3,000,000
16,000,000	956,434,334	382,573,733	573,860,600	3,200,000
17,000,000	1,016,211,479	406,484,592	609,726,888	3,400,000
18,000,000	1,075,988,625	430,395,450	645,593,175	3,600,000
19,000,000	1,135,765,771	454,306,308	681,459,463	3,800,000

대출이자율 연9%, 원리금 20년 균등분할 상환조건 대출
소득대비 대출 원리금상환율(DTI) 20%, 주택가격대비 대출액비율(LTV) 40%

월평균소득	적정주택 구입가격	DTI=40%대출액	주택자금 모은 돈	DTI=20% 원리금
1,000,000	55,572,477	22,228,991	33,343,486	200,000
2,000,000	111,144,954	44,457,982	66,686,972	400,000
3,000,000	166,717,431	66,686,972	100,030,459	600,000
4,000,000	222,289,908	88,915,963	133,373,945	800,000
5,000,000	277,862,385	111,144,954	166,707,431	1,000,000
6,000,000	333,434,862	133,373,945	200,060,917	1,200,000
7,000,000	389,007,339	155,602,936	233,404,403	1,400,000
8,000,000	444,579,816	177,831,926	266,747,890	1,600,000
9,000,000	500,152,293	200,060,917	300,091,376	1,800,000
10,000,000	555,724,770	222,289,908	333,434,862	2,000,000
11,000,000	611,297,247	244,518,899	366,778,348	2,200,000
12,000,000	666,869,724	266,747,890	400,121,834	2,400,000
13,000,000	722,442,201	288,976,880	433,465,321	2,600,000
14,000,000	778,014,678	311,205,871	466,808,807	2,800,000
15,000,000	833,587,155	333,434,862	500,152,293	3,000,000
16,000,000	889,159,632	355,663,853	533,495,779	3,200,000
17,000,000	944,732,109	377,892,844	566,839,266	3,400,000
18,000,000	1,000,304,586	400,121,834	600,182,752	3,600,000
19,000,000	1,055,877,063	422,350,825	633,526,238	3,800,000

위의 표에 따르면 수입에 비해 적정 주택구입 가격이 당신이 생각하는 것보다 또 현실보다 낮다고 생각할 것이다. 서울 등 버블세븐지역에 거주하는 사람들은 더욱 그럴 것이다. 현실적으로 서울과 수도권의 집값은 소득 대비 지나치게 비싸다. 재테크 지침서에 보면 DTI를 30% 이내로 하도록 권장하는 경우가 많은데, 당연히 DTI를 30%로 하면 훨씬 큰 주택을 매입할 수 있다. 가령 DTI를 30%로 하면 연봉의 6.95(연 9% 대출이자율)배에서 8.68(연 6% 대출이자율)배까지의 주택을 구입할 수 있다.

그러나 내 생각은 다르다. 수입의 30%를 대출 원리금으로 고스란히 은행에 납부한다면 노후준비뿐만 아니라 자녀교육자금 등 기타 필요한 자금을 마련하는 일은 요원해질 수밖에 없다. 특히 당신의 나이가 40세가 넘었다면 20% 비중을 꼭 준수했으면 좋겠다. 30대 초중반에는 DTI를 30~40%로 하더라도 소득이 늘어나며 자연스럽게 DTI가 20%로 낮아지게 되지만 40세 이후에는 DTI를 30~40%로 한다면 자녀교육비나 노후대비는 전혀 할 수 없을지도 모른다.

지난 9월, 정부가 DTI를 40~50%로 규제하겠다는 발표를 했는데, 당시 대출액이 줄어드니 앞으로 서민들이 집을 사기가 더 어려워진다고 아우성이었다. DTI가 무엇인가? 수입에서 대출 원리금이 몇 퍼센트인지를 알려주는 것이 바로 DTI다. 나는 이 규제 정책이야말로 정부가 잘했다고 생각한다. 진정으로 중산층과 서민을 원한다면 장기적으로 봤을 때 당연히 DTI를 규제하는 것이 옳다.

적어도 이 책을 읽는 독자라면 1990년대까지 물가상승률이 6%가

넘고, 경제성장률이 7% 이상이었던 시절의 구시대 재테크를 아직도 떠올리며, 수입의 50%를 대출 원리금에 상환하는 것이 마치 정석이라는 생각을 갖고 그런 우를 범하지 않기 바란다.

만약 어떤 사람이 집값이 오를 것을 기대하며 3억 원짜리 집을 1억 원은 자기 돈, 2억 원은 은행에서 대출받아 구입한 후 매월 100만 원씩 이자를 지불한다고 가정해보자. 그런데 예상과는 달리 집값이 오르기는 커녕 10년 동안 똑같았다고 가정해보자. 10년 동안 물가상승률이 매년 3.97%였다고 가정한다면, 3억 원의 돈값은 10년 후 2억 원이 돼버린다. 실제 집값은 3억 원이지만 2억 원인 것과 같다. 그렇다면 1억 원을 까먹은 깡통주택이 되는 셈이다. 깡통주택보다 더 억울한 사실은 10년 동안 매월 이자 100만 원의 기회비용을 온통 주택에 쏟아부은 것이다. 10년 간 이자 총 불입액은 1억 2,000만 원이지만 이 돈을 재테크에 잘 활용했다면 약 두 배인 2억 원 정도가 될 수 있다.(연 10%로 투자 가정했을 때.) 아까운 원금 1억 원과 기회이익 2억 원까지 모두 3억을 날리는 셈이 될 수도 있다.

혹시 당신의 재정이 부동산에 쏠려 있다면, 소득대비 적정 주택가격 등을 고려하여 부동산 비중을 줄이고 재무의 안정성을 높여라. 금융자산으로 목돈을 운용하여 수익을 낼 수 있는 방안을 철저히 따져보고 결정하라.

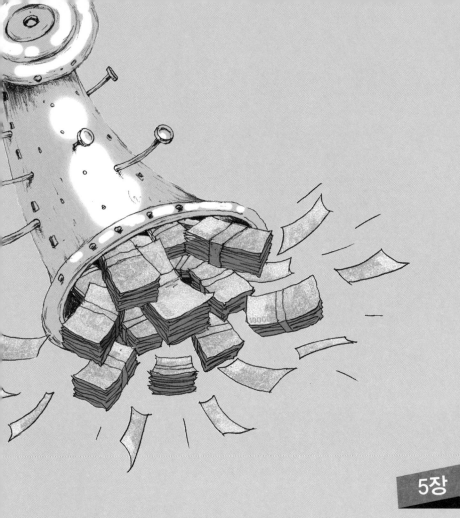

5장

은퇴자산으로
오래 살 위험에 대비하라

부귀는 사람들이 바라는 것이지만
정당한 방법으로 얻는 것이 아니면 누리지 말라.
빈천은 사람들이 싫어하는 것이지만
부당한 방법으로 벗어나려고 하지 말라.

― 공자

평균 수명이 늘어나면서 오래 사는 것이 가장 위험한 지금, 은퇴자산은 가장 중요한
자산이 되었다. 젊은 시절 한창 수입이 좋을 때는 문제없던 생활비 지출조차 노후에
는 감당할 수 없게 된다. 돈이 많다고 부자가 아니다. 돈이 필요한 시점에 내 수중에
돈이 있어야 한다.

수입활동은 끝나도
소비활동은 끝나지 않는다

　우리 사회는 몇 년 전부터 급속한 고령화가 시작했다. IMF 외환위기를 겪으며 수많은 직장인들이 소속된 조직으로부터 버림받았다. 준비하지 않으면 하루아침에 빈곤층으로 전락할지도 모른다는 불안감으로 출발한 21세기에 또 다른 복병인 고령화 문제가 우리 앞에 다가온 것이다. 고령화 문제는 우리 사회 전체의 문제이기도 하지만, 우리 개인이 직면한 문제이기도 하다. 우리 모두는 늙기 때문이다.

　유엔은 65세 이상을 노인이라고 정의한다. 세계적인 투자은행 블랙스톤그룹 설립자인 피터 피터슨Peter Peterson 회장은 그의 저서 《노인들의 사회 그 불안한 미래Gray Dawn》에서 65세 이상의 노인들을 다시 젊은 노인(65~84세)과 후기 노인(85세 이상)으로 구분하면서 "노인들 중에서도 후기 노인의 수는 젊은 노인 수보다 훨씬 빠른 속도로 증가하고, 인구통

계학에서는 이런 현상을 '고령인구의 고령화'라고 부른다. 앞으로 50년 동안 젊은 노인 인구는 3배 정도 늘어나지만 후기 노인의 수는 6배 이상 증가할 것이다. 미국에서 85세 이상 노인들은 젊은 노인들에 비해 2배나 많은 병원 치료비를 지출하고 있다."고 말했다. 우리나라도 피터 피터슨 회장의 말처럼 2050년이 되면 인구의 절반 이상이 노인으로 세계에서 최고의 초고령 국가가 되어 '고령인구의 고령화'가 진척될 것이다.

'빨리빨리' 문화가 한국을 대표하는 단어가 됐듯이 우리나라는 여러 방면에서 빠른 스피드로 '빨리빨리'를 실현해오고 있다. 고령화 속도도 예외가 아니다. 유럽 등 선진국이 근 100여 년에 걸쳐 고령화가 진행된 데 반해 우리는 노후 문제가 대두된 지 불과 10여 년밖에 되지 않았음에도 앞으로 20년만 지나면 초고령 사회가 된다고 한다. 의료기술의 발달로 평균수명 연장과 세계 최하 수준의 출산율이 그 원인이다.

다음은 세계적으로 65세 이상 노인 인구 비중을 보여주는 표이다.

65세 이상 노인 인구 비중	내 용
7% 이상	고령화 사회: 대부분의 선진국은 20세기 초에 진입했으며 일본은 1970년, 한국은 2000년에 진입
14% 이상	고령 사회: 영국, 프랑스는 1970년대, 일본은 1994년 진입했으며 우리나라는 2018년 진입 예상
20% 이상	초고령 사회: 우리나라는 2026년에 진입 예정

초고령 사회가 우리에게 의미하는 바는 무엇일까? 초고령 사회가 되는 20년 후 우리나라는 경제활동이 가능한 청년 인구(15세 이상 64세 이하) 3명이 1명의 노인을 부양해야 한다. 1970년에는 17명이 1명,

2005년에는 8명이 1명을 부양할 수 있어 노인 부양이 그다지 어렵지 않았다. 하지만 이제 청년들은 어쩔 수 없이 노인들을 부양하기 위해 등골이 휠 수밖에 없다. 당신의 자녀가 장차 받을 급여의 50% 가까운 돈이 노인복지 사업을 위해 세금과 연금, 건강보험료 등으로 징수되기 때문이다.

시인 에머슨은 "삶이란 살아보았을 때에만 이해할 수 있는 시련의 연속이다."라고 했다. 아직 젊은 30~40대는 앞으로 우리에게 닥쳐올 초고령 사회의 무서운 재앙을 이해하기 힘들 것이다. "내가 늙으면 어떻게 될까?"를 경험해보지 못한 젊은 사람들의 문제는 늙는다는 것이 무엇인지 모른다는 것이다.

40~50대 분들이 이런 말을 하는 것을 종종 듣는다. "내가 늙으면 젊을 때만큼 돈 쓸 일은 없을 거야. 나는 지금보다 돈이 적게 있어도 충분히 살 수 있어." 물론 절대적인 의식주와 관련한 기본생계비는 상당히 줄어들 것이다. 하지만 우리가 늙지 않았기에 착각할 수 있는 것은 생계비 등 몇몇 비용은 줄어들지 모르지만, 의료비와 간호비 등 젊은 시절 생각지 못한 비용이 오히려 늘어날(때로는 기하급수적으로) 것이다. 더군다나 노후의 삶도 엄연한 삶이기에 대부분의 은퇴한 노인들도 일에서만 은퇴했지 소비활동에서 은퇴한 것은 아니라는 점이다. 이것이 우리의 현실이다.

20~30년 후의 당신의 모습을 상상해보자. 그때가 되면 어떻게 될까? 양로원 시설은 지금보다 훨씬 체계적으로 정비될 것이고, 입실 수수

료에 따라 혜택도 달라질 것이다. 노인 중 절반 이상이 일해야만 먹고사는 문제가 해결되는 시대가 될 것이다. 앞으로는 90세 이상 사는 삶이 될 것이 틀림없다.

열심히 일한 우리 부모님 세대는 급속한 성장을 기반으로 하여 집을 사면 반드시 올랐고, 그 오른 집값과 안정적인 직장에서 나온 퇴직금으로 리스크 없는 고금리 저축에 넣어두고 노후를 대비하면 충분했다. 하지만 이제는 종신고용보다는 능력에 따른 연봉제로 바뀌었고, 부동산에 투자하면 무조건 오르는 시대는 지나갔다. 즉, 돈벌이는 불안하고, 소비유혹은 도처에 널려 있고, 마땅한 안전투자처도 찾아보기 힘들게 되었다.

향후 20년 동안 매우 큰 변화의 바람이 불 것으로 예상한다. 기존의 방식으로 살게 되면 노후도 불안하고 불안한 노후가 걱정되는 젊은 시절도 우울하게 살 것이다. 인구구조의 변화에 따른 새로운 방식을 예측하고 변화의 바람을 타야 한다. 이러한 변화에서 당신의 노후를 위해 은퇴자산을 만드는 것은 선택이 아닌 필수이며, 다른 어떤 것보다 가장 선행되어야 할 과제다.

5대 자산은 결국
은퇴자산으로 통합된다

38.2%, 세계에서 가장 빠르다.

그러나 41%, 세계 주요 나라 중에서 가장 낮다.

이는 무엇을 의미하는 숫자일까?

바로 우리나라의 고령화와 은퇴준비에 대한 숫자이다. 인구가 점점
줄고 수명이 길어지다 보니 2050년에는 65세 이상 노인 인구가 38.2%
로, 37.8%인 일본을 제치고 전 세계 1위에 오를 것으로 보인다. 그런데
우리의 노후준비 실태는 어떠한가? 전 세계 주요국 중에서 가장 낮은
41%의 은퇴준비를 하고 있다. 우리나라 근로자 가계가 60세에 은퇴한
다고 가정하면, 은퇴 이후 받을 수 있는 예상 소득은 현재물가 기준으로
1,667만 원 정도이다. 은퇴 직전 소득은 약 4,067만 원이므로 은퇴준비

지수는 41%에 해당한다. 놀라운 사실은 은퇴 이후에 필요한 생활비 예상액은 은퇴 직전 소득의 62%에 해당하는 연간 약 2,530만 원이기 때문에 은퇴생활비는 턱없이 부족한 것이 현실이다.

은퇴란 더 이상 수입이 발생하지 않는 시기를 말한다. 젊었을 때야 수입으로 필요한 비용을 충당하면 되지만, 은퇴 이후에는 수입이 없거나 현저히 줄어들기 때문에 젊은 시절 수입에서 일부를 떼어서 은퇴 이후를 준비해야 한다.

우리나라 50대와 재정 상담을 할 때 내가 가장 먼저 살펴보는 항목이 있다. 금융자산이 얼마 있는지 점검하는 것이다. 일반적으로 우리나라 50대의 경우, 보유하고 있는 금융자산을 통해 대략적인 노후준비 실태를 점검할 수 있다. 하지만 보통의 50대들은 금융자산이 턱없이 부족하다. 대부분이 30~40대 젊은 시절에 수입의 범위 내에서 아껴 쓰고 나

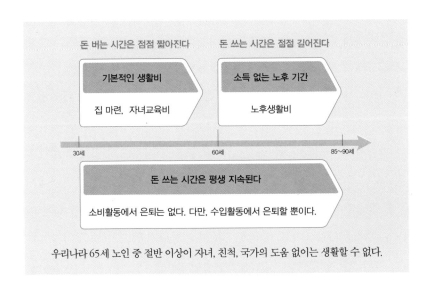

우리나라 65세 노인 중 절반 이상이 자녀, 친척, 국가의 도움 없이는 생활할 수 없다.

름대로 저축을 해왔는데도 말이다. 더 심각한 문제는 금융자산 중에서 따로 분류된 은퇴자산이 거의 없다는 점이다.

50대 중반이 돼서야 은퇴가 코앞에 다가온 것을 깨닫고 뒤늦게 준비를 시작한다. 노후준비를 하면서 받는 스트레스도 이만저만이 아니다. 젊어서부터 계획을 세워 준비하지 않고 은퇴를 바로 앞두고 여러 투자계획을 실행하다 보니 어려운 점이 한두 가지가 아니다. 자칫 잘못하면 무리수를 두는 경우도 생긴다. 가령, 모르는 곳에 수익성만 보고 투자한다든지 환금성 없는 부동산에 투자해서 정작 돈이 필요한 시점에 돈이 없어 쩔쩔 매는 것이 현실이다.

나는 최소 10년 이상의 은퇴계획과 실행을 권한다. 노후준비는 집을 마련하거나 투자자산을 마련하는 것과 약간 다른 면이 있다. 은퇴자산은 주택자금처럼 몇 억 원을 준비한다는 접근방식보다는 소득 대체율에 근거하여 현금흐름을 만드는 것이 기본이다. 즉, 수입이 끊기는 은퇴 이후에 매월 일정금액의 소득원이 생기는 은퇴설계를 해야 한다.

젊은 시절 본인의 수입에서 미리 은퇴자산을 준비한, 돈 관리법을 터득한 소수의 현명한 사람들이 있다. 이들은 은퇴자산이 아주 중요하고 필요하다는 사실을 잘 알고 있어서 젊은 시절부터 수입의 일정액을 은퇴자산 주머니에 넣어둔다. 그리고 웬만해서는 은퇴자산 주머니에서 돈을 인출하지 않고 은퇴 시점까지 유지한다. 수입 없이 지출만 해야 하는 노후에 은퇴자산이 필요하다는 사실을 정확히 알고 있는 것이다.

은퇴자산을 준비하는 그들이 현명한 이유는 스스로 삶을 통제하고 목적별로 준비를 하기 때문이다. 이들은 은퇴 이후에도 남에게 종속되지 않고, 자녀에게 피해주지 않고 존경받으며, 가장 소중한 것을 먼저 하는 사람들이다. 사람은 모두 늙는다는 사실을 겸허히 받아들이고, 자신이 어디로 가고 있는지 알고 있으며, 재정적인 안정플랜 기반 위에서 자유와 꿈을 성취하는 사람들이다. 은퇴자산은 핵심자산인 5대 자산(예비자산, 집자산, 은퇴자산, 보장자산, 투자자산)을 통합하는 가장 중요한 자산이다. 5대 자산은 결국 은퇴자산으로 통합된다. 우리는 모두 예외 없이 늙게 되어 있고 우리가 마련한 5대 핵심자산은 궁극적으로 은퇴자산이 되어 우리의 노후를 책임질 것이다. 은퇴자산을 어떻게, 얼마나, 무엇으로 만들어야 하는지는 살펴보자.

은퇴자산의 실체를 확인하라

　돈 관리는 구체적이고 현실적이어야 한다. 당신 수입을 적절하게 분산하여 필요한 목적자산을 만들어 나가야 한다. 아직까지 당신이 노후 준비를 전혀 하고 있지 않았다면 지금 당장 시작하라. 가장 늦었을 때가 가장 빠르다고 하지 않던가.

　은퇴자산의 준비과정을 알아보자. 당신이 현재 30세, 현재 월급은 250만 원이라고 해보자. 60세까지 30년 동안 일할 수 있는 좋은 직장에 다니며 매년 물가상승률 4%씩 월급도 오른다고 가정해보자. 현재 당신의 생활비 총액은 월급의 3분의 2에 해당하는 167만 원이라고 한다면 은퇴 이후에도 은퇴 이전 생활수준을 유지할 수 있으려면 매월 수입의 얼마를 저축해야 할까?

물가상승률 4% = 수입의(급여) 상승률 4%

　만일 당신이 수입 자동배분 시스템에서 말한 수입의 15%를 은퇴자산에 저축하여 매년 세후 6% 복리로 투자할 수 있다면, 당신의 은퇴저축액은 첫해 450만 원(월 37.5만원, 12개월)씩 매년 4%씩 증액되고, 60세 시점에 은퇴자산은 6억 1,000만 원이 될 것이다. 30세 250만 원의 가치는 60세 811만 원과 같으므로 물가가 3.24배가 오른 셈이다. 다른 말로 하면, 돈값이 3.24배로 하락했다는 것이다. 따라서 60세 시점의 은퇴자산 6억 1,000만 원은 현재 시점으로 환산하면 1억 8,827만 원에 해당한다. 당신의 부모님 또는 조부모님이 지금 1억 8,827만 원의 은퇴금융자산을 보유하고 계신다면 어떤 생각이 드는가? 은퇴기간을 행복하게 보낼 수 있을까? 물론 개인의 생활수준에 따라 다를 수 있다.(현실적인 은퇴비용은 매우 클 수 있다. 당신과 당신 배우자가 60세부터 90세까지 30년간 식사비용으로 매끼 5,000원씩 소요된다고 해보자. 30년 동안 총 식대만 해도 3억 2,850만 원이다.)

　그렇다면 60세 시점이 되는 2040년부터 수입이 더 이상 발생하지 않는다면, 6억 1,000만 원을 마련한 당신은 은퇴자산에서 돈을 빼서 생활해야 할 것이다. 30세 시점에서 생활비가 수입의 3분의 2에 해당하는 167만 원이었다면, 61세 시점에는 생활비 화폐금액은 3.24배 상승한 541만 원이다. 매월 541만 원을 은퇴자산에서 소비하고 나머지 은퇴자산은 6% 세후이자로 운용된다면 은퇴 후 소득과 소비구조는 다음과 같을 것이다.

수입의 15%를 세후 6%의 복리이자로 은퇴자산을 저축했을 때

(단위: 만 원)

나이	월평균 월급	연봉	연간저축액	전기저축원리금	은퇴자산 총액
30	250	3,000	450	–	450
31	260	3,120	468	477	945
32	270	3,245	487	1,002	1,488
33	281	3,375	506	1,578	2,084
34	292	3,510	526	2,209	2,735
35	304	3,650	547	2,900	3,447
36	316	3,796	569	3,654	4,223
37	329	3,948	592	4,477	5,069
~					
56	693	8,317	1,248	42,379	43,627
57	721	8,650	1,298	46,245	47,542
58	750	8,996	1,349	50,395	51,744
59	780	9,356	1,403	54,849	56,252
60	811	9,730	1,460	59,627	**61,087**

- **소비:** 연간 생활비(은퇴 직전 본인 소득 수준의 3분의 2 소비 가정)
- **금융소득:** 연간 생활비를 차감한 은퇴자산에서 발생하는 금융소득

　그리고 65세 시점이 되면 국가 등 공적기관에서 보장하는 국민연금이 지급된다. 현실적으로 공적연금이 당신 생활비의 25%(즉, 현재 물가를 기준으로 200만 원의 25%라면 50만 원이 월 공적연금액으로 가정)에 해당하는 돈을 책임진다면 아래와 같은 현금흐름을 얻게 될 것이다.

은퇴 후 30년간 은퇴자산의 증감 현금흐름

(단위: 만 원)

나이	월 생활비	연 생활비(B) (=A×12)	국민연금 고려 후 생활비(C) (65세 이후 지급) (=B×(1-25%)	기초 은퇴자산 (D)	생활비 공제 후 은퇴자산(E) (=D-C)	기말 은퇴자산 (=E×(1=6%)
61	649	7,784	7,784	73,304	65,520	69,451
62	668	8,018	8,018	69,451	61,433	65,119
63	688	8,258	8,258	65,119	56,861	60,273
64	709	8,506	8,506	60,273	51,767	54,873
65	730	8,761	6,571	54,873	48,302	51,200
66	752	9,024	6,768	51,200	44,432	47,098
67	775	9,295	6,971	47,098	40,127	42,535
68	798	9,574	7,180	42,535	35,355	37,476
69	822	9,861	7,396	37,476	30,080	31,885
70	846	10,157	7,617	31,885	24,268	25,724
71	872	10,461	7,846	25,724	17,878	18,951
72	898	10,775	8,081	18,951	10,869	11,522
73	925	11,098	8,324	11,522	3,198	3,390
74	953	11,431	8,573	3,390	(5,184)	(5,495) ◀◀
75	981	11,774	8,831	(5,495)	(14,326)	(15,185)
～						
87	1,399	16,787	12,590	(194,035)	(206,625)	(219,023)
88	1,441	17,291	12,968	(219,023)	(231,991)	(245,910)
89	1,484	17,810	13,357	(245,910)	(259,267)	(274,823)
90	1,529	18,344	13,758	(274,823)	(288,581)	(305,896)

앞의 표에 따르면 30세부터 당신 수입의 15%를 은퇴자산 만들기에 꾸준히 투자했어도 74세가 되면 은퇴자산은 바닥이 나고, 더 이상 생활비를 감당할 수 없게 된다. 74세 이후 살아있다면 더 이상 재정적인 독립은 기대하기 어렵다는 이야기이다. 즉, 74세 이후에는 국민연금에서 생활비의 일부를 충당하고 자녀나 친척의 도움을 받아야만 살 수 있다는 뜻이다.

오래 살 위험에 대비해야 한다

당신이 예상하는 것보다 훨씬 더 오래 살지도 모르는 가능성을 감안한다면 은퇴자산이 바닥나는 것은 걱정이다. 물론 "75세 이후 노인은 돈이 덜 들어가지는 않겠느냐?"라고 반문하는 독자가 있을지 모르겠다. 하지만 앞서 이야기한 것처럼 은퇴생활의 마지막 단계인 80~90대는 급증하는 의료비 등으로 인해 은퇴기간 중 가장 많은 돈이 소요되는 시기로 알려져 있다. 그렇기에 인생 끝자락에 낭패를 볼 수 있는 점을 염두에 두어야 한다. 수입의 15%를 꾸준히 투자했는데도 위와 같은 상황이 연출된다면 어떻게 해야 할까?

너무 걱정하지는 마라. 당신은 이미 집자산에 수입의 20%를 투자했다. 은퇴할 시점에는 당신의 집이 훌륭한 은퇴자산이 될 수 있다. 수입 자동배분 시스템을 따른다면 당신이 집을 마련했든 하지 않았든 집 장만을 위해 수입의 20%를 차곡차곡 저축했을 것이다. 노후에는 당신의 집자산 주머니를 은퇴자산에 편입하여 활용하면 된다. 젊은 시절에는 집자산과 은퇴자산 주머니를 각각 나누어 뚜렷한 목적으로 운용하되, 은퇴 후에는 두 주머니를 합하여 행복한 노후를 위해 쓰면 된다. 하지만 은퇴 이전까지는 집자산과 은퇴자산을 별개로 생각하고 준비해야 한다. 그래야 당신의 재정적인 안정이 높아진다.

만약 집자산 주머니에 수입의 20%씩 꾸준히 저축해 집을 마련했든, 그렇지 않고 집 주머니를 금융자산으로 보유했든지 당신은 60세에 6억 원의 집 주머니를 갖게 될 것이다.(60세 시점의 6억 원은 30세 현재 시점의 가치로 1억 8,519만 원이다.)

수입의 20%를 집 자산에 투자했을 때 집 포트폴리오의 60세 시점 가치

(단위: 만 원)

나이	월 평균 월급	연봉	연간저축액	정기저축원리금	집 자산 총액
30	250	3,000	600	–	600
31	260	3,120	624	636	1,260
32	270	3,245	649	1,336	1,985
33	281	3,375	675	2,104	2,779
34	292	3,510	702	2,945	3,647
49	527	6,321	1,264	29,216	30,480
50	548	6,573	1,315	32,309	33,624
51	–	–	–	35,641	35,641
52	–	–	–	37,780	37,780
53	–	–	–	40,047	40,047
54	–	–	–	42,449	42,449

55	–	–	–	44,996	44,996
56	–	–	–	47,696	47,696
57	–	–	–	50,558	50,558
58	–	–	–	53,591	53,591
59	–	–	–	56,807	56,807
60	–	–	–	60,215	**60,215**

과거의 경험으로 볼 때 집을 구입해서 유지하는 경우 앞으로 30년 동안 우리가 가정한 연 6%를 지속적으로 유지하며 오르는 것은 어려울지 모른다. 또한 은퇴 이후 죽는 시점까지 거주하며 계속 활용해야 하는 점을 감안한다면 집값 6억 원을 전부 은퇴자산으로 활용할 수는 없다고 보는 것이 현실적이다. 따라서 집값의 3분의 2만큼인, 즉 4억 원만큼 은퇴 이후 은퇴자산으로 전용轉用한다고 가정해보자.(역모기지론을 받았다거나 집의 규모를 줄여 은퇴자산으로 활용한다고 생각하면 된다.)

그렇게 되면 61세 시점부터 활용 가능한 은퇴자산(은퇴 후 30년간 은퇴자산 6억 원과 집포트폴리오 전용액 4억 원의 합계)은 10억 원으로 늘어나게 될 것이다. 10억 원을 활용해서 은퇴 후 30년을 보낸다면 88세가 될 때까지 생활비를 혼자 힘으로 마련할 수 있다는 이야기다.

다음의 표는 은퇴자산 주머니에 매월 수입의 15%, 집자산 주머니에 수입의 20%씩을 배분했을 때의 현금흐름을 정리한 것이다. 은퇴자산과 집자산으로 매년 연복리 6%의 투자수익을 얻을 수 있고 물가상승률과

급여상승률은 4%, 은퇴 직전 수입의 3분의 2가 노후생활비라는 기초적인 가정 위에 분석했다.(65세 이후 국민연금 지급액이 생활비의 25%를 책임진다는 가정을 넣었기에 국민연금도 고려된 셈이다.)

은퇴 후 30년간 은퇴자산의 증감 현금흐름–집포트폴리오 활용시

(단위: 만 원)

나이	월 생활비	연 생활비(B) (=A×12)	국민연금 고려 후 생활비(C) (65세 이후 지급) (=B×(1−25%)	기초 은퇴자산 (D)	생활비 공제 후 은퇴자산(E) (=D−C)	기말 은퇴자산 (=E×(1=6%)
61	649	7,784	7,784	121,476	113,692	120,514
62	668	8,018	8,018	120,514	112,496	119,246
63	688	8,258	8,258	119,246	110,988	117,647
64	709	8,506	8,506	117,647	109,141	115,689
65	730	8,761	6,571	115,689	109,118	115,666
66	752	9,024	6,768	115,666	108,898	115,431
67	775	9,295	6,971	115,431	108,460	114,968
68	798	9,574	7,180	114,968	107,788	114,255
69	822	9,861	7,396	114,255	106,860	113,271
70	846	10,157	7,617	113,271	105,654	111,993
71	872	10,461	7,846	111,993	104,147	110,396
72	898	10,775	8,081	110,396	102,315	108,453
73	925	11,098	8,324	108,453	100,130	106,137
74	953	11,431	8,573	106,137	97,564	103,418
75	981	11,774	8,831	103,418	94,587	100,262
			≀			
87	1,399	16,787	12,590	25,119	12,529	13,280
88	1,441	17,291	12,968	13,280	312	331
89	1,484	17,810	13,357	331	(13,026)	(13,808)
90	1,529	18,344	13,758	(13,808)	(27,566)	(29,220)

미래의 물가상승률, 집값 상승률은 예측하기가 매우 어렵고 우리의 예상과 다를 수 있다는 점을 고려한다면 지금 분석한 것이 달라질 여지는 많다. 가령, 물가상승률이 4%가 아니라 6%가 되거나 집값이 상승하기는커녕 제자리걸음을 하는 경우 우리의 은퇴 계획은 큰 난관에 부딪힐 수 있다. 물론 은퇴자산에 대한 투자수익률을 6%보다 더 높일 수 있다면 더 여유로운 은퇴생활을 할 수 있다.

우리나라 경제 상황을 예측해본다면 매년 물가상승률 4%라는 가정은 그리 공격적이지 않고 적절하다고 생각한다. 또한 은퇴자산 저축과 운영수익률을 세후 6%로 하는 것은 중립적이라고 생각한다. 은퇴 직전 소득의 3분의 2를 생활비로 소비하고 65세 이후에 공적연금이 그 나이에서 필요한 생활비의 25%를 책임진다는 가정 하에서 나는 25세, 30세, 35세, 40세, 45세 각 연령별로 위와 같은 분석을 토대로 여러 번 시뮬레이션 해보았다. 그래서 얻은 결론은 다음과 같다. 수입 대비 은퇴저축률이다.

{ 수입 대비 은퇴저축률 = 자기 나이 − 15% }
※ 은퇴 이후 집자산(20년간 수입의 20%를 적립한 집값 또는 금융자
산)의 3분의 2를 은퇴기간 중 은퇴자산으로 편입한다고 가정

가령, 현재 월수입이 250만 원이라면 은퇴기간 동안 독립을 유지하며, 은퇴자산을 유지하고 싶은 경우 아래의 비율만큼 금액을 투자해야 한다.

구분	25세	30세	35세	40세	45세
은퇴투자 비율	10%	15%	20%	25%	30%
월 은퇴저축액	250,000원	375,000원	500,000원	625,000원	750,000원

　　물론 위의 은퇴투자비율은 물가상승률, 은퇴저축에 적용되는 수익률, 현재 당신이 보유한 여유자산 등에 따라 다르게 적용될 수 있지만 보편적으로 적용될 여지가 많아 당신이 은퇴를 준비하는 데 훌륭한 가이드라인이 될 것이다.

은퇴자산 마련을 위한
3가지 전략

당신은 앞으로 정말 오래 살 것이다. 은퇴 이후의 행복한 삶을 위해서 젊어서부터 은퇴준비를 시작해야 한다. 앞에서도 얘기했지만 은퇴자산은 몇 억 원을 마련해야 하는 총액 개념이 아닌, 은퇴 이후 필요한 현금흐름을 만드는 개념으로 준비하는 것이 좋다. 은퇴자산이 필요한 시점은 은퇴 이후 수입이 끊어지는 시점부터이므로 준비할 수 있는 시간이 장기간이기 때문에 중단기적인 자금을 마련하는 법과는 달리 몇 가지 더 고려해야 한다.

첫째, 현금흐름 마련 전략이다. 돈이 필요할 때 돈이 있어야 한다. 돈은 돌고 돌아 필요한 시점에 있어야 돈의 구실을 제대로 하기 때문이다. 돈 문제와 관련하여 사람들이 갖고 있는 대부분의 문제는 현금흐름이 제대로 맞지 않거나 현금흐름을 제대로 측정하지 않았기 때문에 발생한다. 몇 십년간 우량기업이었던 회사가 흑자도산을 하거나 젊은 시절 잘 나가던 사람이 비참한 노후를 맞이하는 것도 현금흐름이 불일치했기 때문이다. 젊은 시절 한창 수입이 좋을 때는 문제없던 생활비 지출조차 노후에는 감당할 수 없게 된다. 수입활동에서 은퇴한 사람들은 소비활동에서 은퇴란 없다는 사실을 뒤늦게 깨닫게 된다. 수중에 재산이 많다고 행복한 것이 아니다. 돈이 필요한 시점에 내 수중에 돈이 있어야 한다. 인생 전체를 조망해본다면 수입은 일하는 기간에 발생하고 필요한 돈은 인생 전체에 걸쳐 매월 발생하거나 큰돈이 들어가는 시점이 있다. 현금흐름이 더 이상 발생하지 않는 시기에 필요한 현금지출을 하려면 은퇴자산을 통한 수동적 현금흐름을 만들어야 한다.

현금흐름 마련 전략에서 당신이 현명해져야 할 부분은 돈의 가치 변동에 대한 이해와 지혜로운 분석이다. 지금 내 수중에 있는 돈과 미래에 받을 돈의 가치는 엄연히 다르다. 이는 누구나 아는 사실이다. 미래의 돈은 지금 돈보다 더 커야 한다. 미래의 (+)현금흐름과 현재의 현금지출을 교환하는 행위가 바로 투자와 저축이기 때문이다. 내 수중에 있는 확실한 소비가 가능한 돈을 희생하여 미래의 현금수입을 추구하는 행위가 투자와 저축이다.(엄밀히 말한다면 저축은 확실한 미래수입, 투자는 불확실한 미래수입을 기대하는 점이 다르다.)

따라서 모든 투자와 저축에 대한 의사결정을 내릴 때는 현금흐름을 분석한 후 움직여야 한다. 특히 은퇴자산은 오랜 기간 준비하는 자산인 만큼 장기간 현금흐름을 이해하고 그 수익률이 적정한지 분석한 후에

상품을 선택해야만 한다. 가령, 당신의 거래은행에서 지금 1억 원을 투자하면 지금부터 20년간 매월 80만 원씩 20년간 정액으로 지급하는 연금상품에 가입하라고 권유한다고 가정하자.(원금은 소멸된다.) 만일 당신이 수중에 있는 1억 원을 세금공제 후 연 4.5%의 복리로 20년 동안 운용할 수 있는 또 다른 대안(매년 450만 원의 이자를 받는 셈이다.)이 있다면 거래 은행의 제안을 받아들이는 것이 현명할까? 액면 총금액만으로는 은행의 제안을 들으면 총 1억 9,200만 원을 분할해서 수령할 수 있는 셈인데 어떤 선택이 합리적일까? 앞으로 당신은 은퇴상품을 고를 때 이와 같은 연금지급식 상품을 수도 없이 제안받게 될 것이다.

20년 동안 받게 될 매월 80만 원의 현재가치는 1억 2,645만 원이다. 현재 1억 원을 4.5%로 운용하는 자금의 현재가치는 1억 원이기에 연금으로 수령하는 것이 수중에 있는 돈을 세후 연 4.5%로 운용하는 것보다 현명한 길이다. 은퇴금융상품을 선택할 때는 반드시 현금흐름과 수익성을 꼼꼼히 따져보라. 무턱대고 돈을 저축하는 것보다는 은퇴 이후 예상하는 소득흐름에 맞는 상품들로 주머니를 채워나가야 한다.

둘째, 은퇴자산 주머니는 은퇴 시기가 가까이 다가올수록 위험을 줄이는 방향으로 구성하고, 은퇴까지의 기간이 아직 많이 남아 있다면 위험을 다소 부담하더라도 고수익을 기대할 수 있는 상품을 선택하는 것이 좋다. 젊은 시절에 안전한 수익률에만 매달리다 보면 20~30년 후 은퇴 시점에 당신의 노후 생계비를 대기에 턱없이 부족함을 절감할 것이다. 반면, 고수익에만 매달려 주식 위주의 은퇴자산 운용을 계속하다 혹시라도 은퇴를 앞둔 시점에 주식시장의 움직임이 좋지 않다면 은퇴자산 총액이 갑자기 줄어들어 낭패를 볼 것이다. 따라서 본인의 나이와 형편에 적절한 자산 포트폴리오를 구성하고 상황에 따라 포트폴리오를 변경하는 것이 중요하다. 당연해 보이는 것 같지만 안타깝게도 현실에서는 오히려 그 반대로 운용되는 경우가 많다.

주식 등 위험자산은 변동성이 높아 감내해야 하는 위험이 큰 만큼 상기간 투자하면 수익을 올릴 가능성이 높기 때문에 은퇴까지의 남은 기간이 길수록 그 비중을 높게 가져가야 한다. 또한 평균 수명 100세가 기대되는 요즈음은 은퇴 이후에도 주식 비중을 20~30% 정도 유지할 필요가 있다. 오래 살수록 은퇴 후 기간이 길어지기 때문에 은퇴자산을 소비하면서 동시에 수익성이 나도록 운용해야 한다.

반면에 안전자산으로 분류되는 예금과 채권은 가입 기간이 길다고 해서 수익이 더 높아지지 않지만 변동성이 적고 안정적인 수익을 얻는 것이 장점이다. 그렇기 때문에 은퇴 시점이 다가올수록 위험자산 비중을 줄여가면서 안전자산 비중을 늘려야 한다. 은퇴 시점에 가까울수록 채권과 예금 등의 비중을 늘려야 하는 이유 중 하나는 일해서 얻는 수입이 감소함에 따라 안전하게 현금화할 수 있는 자산이 필요해지기 때문이다. 목표가 수익성에서 안정성으로 이동하게 되는 것이다.

셋째, 은퇴자산 주머니를 구성할 때 반드시 고려해야 할 점이 있다. 안전한 상품에 대한 맹신을 경계하는 것이다. 안전한 상품이 당신의 안전한 미래를 보장해주지 않는다. 장기간 준비하는 은퇴자산의 가장 큰 위험은 인플레이션(물가상승) 위험이다. 노후대비 자금을 준비할 때에는 물가상승을 초과하는 수익을 올려야 한다는 것을 꼭 기억하기 바란다.

매년 4%의 물가상승이 20년간 지속된다면 돈값은 현재의 절반 이하로 줄어들게 된다. 1980년에 350원이던 자장면의 가격은 현재 4,000원이 넘는다. 이는 연복리로 9%씩 물가가 상승한 셈이다. 물건 값이 오르면 돈의 구매력 역시 떨어진다. 2000년대 이후 우리나라 물가는 대체로 안정적으로 유지되어왔지만, 30년 동안 역사적인 물가수준은 상당히 높은 수준이었기에 은퇴를 준비할 때는 인플레이션의 위험을 초과하는 수익을 얻을 수 있는 방안을 찾아야 한다.

만일 당신에게 지금 1억 원의 종자돈이 있고, 물가상승률은 4%, 예금의 세전금리는 5%라고 가정해보자. 우리나라의 이자소득세 15.4%를 고려하여 실제 1억 원을 복리로 예금에 넣어둔다면 10년 후 당신의 돈은 1억 5,100만 원이 된다. 그런데 이를 현재시점의 가치로 환산해보면 1억 200만 원이다. 명목상 금액은 커졌지만 실질 구매력은 10년 동안 제자리걸음만 한 셈이다. 늘어난 돈 5,100만 원은 가치하락과 세금으로 사라진 것이나 마찬가지다. 시간이 지날수록 인플레이션과 세금은 우리의 돈을 엄청나게 갉아먹을 것이다. 가랑비에 옷 젖듯 말이다.

마지막으로, 어떤 전략보다 더 중요한 것은 은퇴자산 주머니에 대한 관심을 갖는 일이다. 당신의 은퇴자산에는 어떤 것이 있으며, 어디에 투자되고 있는지를 알고 있어야 한다. 수시로 이를 점검해야 한다. 우리나라 사람들 상당수는 자신의 은퇴자산 주머니에 무엇이 담겨 있으며, 어디에 투자되고 있는지도 모르고 있다. 매일 지출을 줄여야 한다고 스트레스를 받으며 아등바등 살면서도 정작 자신의 돈이 어디로 가고 있고, 어느 곳에 어떻게 투자되고 있는지 모르고 있다. 황당한 노릇이다.

다시 한 번 말하지만 당신이 재정적인 안정을 얻고자 한다면, 반드시 해야 할 몇 가지 것들만 하면 된다. 당신의 모든 역량을 기울여 '5대 자산' 만드는 데 집중하라. 그러면 어느새 당신의 재정상황은 안정을 얻게 될 것이다. 이제, 우리가 갖고 있는 은퇴자산 주머니에 편입되는 항목을 구체적으로 살펴보자.

물가상승률을 감당할 수 있는 은퇴자산
국민연금

국민연금은 공적연금의 하나로써 나이가 들거나 장애 또는 사망 등으로 수입활동을 할 수 없을 때 기본적인 생활을 영위할 수 있도록 국가에서 연금을 지급하는 제도이다. 가입자의 표준 월 소득액에 연금보험료율 현행 9%를 곱한 것이 연금보험료로 책정된다. 소득이 많으면 연금보험료 부담이 크고, 소득이 적으면 연금보험료는 적어진다. 물론 연금을 많이 부담한 가입자가 적게 부담한 사람에 비해 미래에 수령할 연금이 크지만, 사회보장 성격이 짙어 고소득자의 보험료 부담액 대비 수령액 비율은 저소득자에 비해 훨씬 떨어진다. 저소득자일수록 적게 내고 많이 수령하는 혜택을 보는 것이다.

국민연금에는 노령연금, 장애연금, 유족연금 등이 있으며 납입기간과 발생한 상황 등에 따라 받을 수 있는 혜택이 다양하다. 또한 국민연금은 화폐가치가 물가상승으로 하락하는 위험에서 연금의 실질가치를 보존해주는 장치가 마련되어 있어 금융기관에서 가입하는 금융상품과는 차별화된다.

하지만 강제 연금의 하나인 국민연금 등 공적연금에 대하여 상당히 오해하고 있는 부분도 많다. 내가 은퇴자산 주머니 항목 중에서 국민연금을 가장 먼저 언급하는 것도 국민연금에 대한 오해로 인하여 가장 좋은 은퇴상품을 놓치지 않을까 하는 우려 때문이다.

월소득이 200만 원인 30세 자영업자 박씨는 매달 18만 원을 국민연금으로 납부하고 있다. 그는 통장에서 매달 빠져나가는 국민연금이 부담스럽기만 했지 자신의 자산이라고 생각해본 적이 없다. 국민연금이 고갈되고 있다는 얘기가 나올 때면 세금처럼 사라져간 자신의 돈이 어디에 쓰였는지 원망스럽기만 하다.

박씨의 경우 앞으로 30년간 국민연금을 냈을 때, 연금을 수령할 수 있는 65세부터 죽을 때까지 매월 얼마를 받을 수 있을까? 국민연금관리공단에 따르면 현재 물가기준으로 62만 원을 지급하겠다고 국가에서 약속하고 있다. 현재 물가기준으로 62만 원은 매년 물가상승률을 4%로 가정했을 때 박씨가 65세 시점의 245만 원과 같다. 매월 18만 원을 30년간 내면 35년 후 매월 245만 원을 받을 수 있다는 것이다. 만일 35년간 물가상승률이 1% 더 높은 연 5%라면 65세 시점부터 매월 342만 원을 받는 것이다. 35년 후 342만 원은 5% 물가를 고려하면 현재 시점의 62만 원과 같기 때문이다. 숫자가 현재에서 미래로 왔다갔다하여 체감이 안 된다면 다른 예로 설명해보겠다.

　당신이 어느 금융상품에 가입해서 18만 원씩 30년간 납부하고 61세부터 65세까지는 더 이상 불입하지 않고 예치했다가 65세부터 90세까지 65세 시점 가치로 245만 원을 받는다고 가정해보자. 65세부터 90세까지 245만원의 가치를 계속 지급받으려면 65세에 당신의 은퇴통장에는 약 6억 5,000만 원이 있어야 한다는 뜻이다. (은퇴 후 물가상승률 4%, 은퇴 후 투자수익률 5% 가정.) 현재 국민연금에 내는 18만 원이 전혀 아깝지 않아 보이지 않는가?

　그렇다면 65세에 6억 5,000만 원을 만들기 위해 매월 18만 원을 35년간 투자했을 때 몇 퍼센트의 복리수익률이 필요할까? 놀라지 마라. 무려 연 10%의 복리수익률을 지속적으로 올려야 한다. 요즘 같은 세상에 투자가 아닌 저축을 통해 연 10%를 30년 이상 꾸준히 지급하는 복리상품은 없다. 물론 주식형펀드 등이 연 10%의 수익률을 오랜 기간 투자를 지속했을 때 얻을 수 있다는 역사적 자료는 있지만, 주식에서의 연평균 10%는 미래가 보장되지 않는 기대수익률일 뿐이다.

　박씨가 국민연금이 아닌, 가령 주식, 채권을 혼합하여 연 7% 정도의 수익률을 얻을 수 있다면 국민연금보험료 18만 원의 두 배인 36만 원을 투자해야만 65세에 6억 5,000만 원을 만들 수 있다는 분석이 나온다.

　국민연금은 일반 금융상품에 비해 저렴한 금액으로 은퇴자산을 만들 수 있다. 국민연금의 수익률은 투자의 불확실성에 기인한 변동성을 국가가 책임지는 구조이기에 단연 최고의 은퇴상품이라 할 수 있다.

국민연금의 노령 기본연금액 산정방식은 연금을 수령할 때까지의 소득상승률을 반영해주기에 장기간 화폐가치가 하락하는 물가상승 위험을 극복할 수 있다. 방금 전 35년간 물가상승률이 4%에서 5%로 1%만 더 높은 경우 생활비는 97만 원이 더 필요해지지만, 국민연금은 그러한 물가상승률을 감안해서 연금보험료를 책정하도록 되어 있다.

자영업자 박씨에게도 국민연금은 정말 좋은 은퇴상품이지만, 국민연금 보험료의 절반을 고용주가 부담하는 직장인의 경우에는 더더욱 좋은 은퇴상품이다. 직장인이라면 국민연금 수익률은 연복리 12% 이상으로 껑충 뛴다. 그런데 이런 국민연금도 최대의 약점은 있다. 바로 가입자가 사망하면 노령연금이 중지된다는 사실이다. 가입자가 일찍 사망하면 본인이 낸 원금도 못 건질 위험이 있다. 물론 가입자가 사망하면 유족연금(기본연금액의 40~60% 수준)이 지급되지만, 그마저도 맞벌이 부부의 어느 한쪽이 국민연금에 가입되어 있었다면 이중으로 연금을 받을 수 없게 되어 배우자가 일찍 사망하면 원금조차 못 건질 확률이 높다.

즉, 국민연금 수익률은 가입자가 오래 살수록 높아진다. 결국 은퇴자산이라는 것이 오래 사는 위험에 대비해서 준비하는 것이라면 국민연금은 그 취지에 매우 적합하다 할 수 있다. 국민연금에 대해 아직까지 원망스런 마음을 갖고 있다면 오래 살고 볼 일이다.

국민연금은 소득이 높은 사람의 수익률이 소득이 낮은 사람보다 낮게 설계되어 있는 점을 기억하기 바란다. 사회보장보험의 성격상 저소득층에 대한 배려 차원에서 설계된 것이다. 그렇지만 국민연금 최고 소득자의 경우에도 현재 구조에서는 일반 금융상품에 비해 절대적인 손해는 아니다. 연복리 5% 이상은 구현되기 때문이다. 따라서 소득이 적을수록 국민연금에서 받을 수 있는 혜택은 훨씬 커진다. 9%의 연금보험료를 전부 본인이 부담하는 자영업자 기준으로 월수입이 200만 원일 때 연금의 수익률이 연 10%였다면, 150만 원은 연 11%, 100만 원 소득자는 12% 식으로 저소득자일수록 낸 돈에 비해 훨씬 많은 돈을 수령하게 된다.

국민연금 또는 공적연금에 가입한 사람은 해당 연금을 나의 노후에 어떻게 활용해야 할지 고민하기 바란다. 중도에 일을 그만둬야 할 경우에는 사전에 연금수령이 어떻게 되는지 꼭 파악하고 대비책을 세운 후에 일을 도모해야 한다. 그리고 당신이 공적연금의 의무가입대상이 아니라면 임의가입을 고려해볼 만하다. 왜냐하면 국민연금만한 금융상품을 찾기가 쉽지 않기 때문이다. 사적 금융상품처럼 반드시 내재된 비용이나 수수료도 없고 물가상승 위험도 회피할 수 있는 것이 국민연금이다.

물론 국민연금에 대한 안전성과 수익성에 대한 회의감이 없는 것은 아니다. 노인인구는 급속도로 증가하고 보험료를 납부해야 할 인구는 줄어들고 있으니 현재 국가가 약속한 지급금액을 보장받을 수 있을지 의문이다. 그러나 공적연금제도를 실시하는 170여 국가에서 연금지급을 중

● 국민연금 상식

1 노후에 연금을 받기 위해서는 반드시 가입기간 10년(120개월)을 채워야 한다. 60세가 되었을 때 120개월을 채우지 못했다면 임의계속가입을 해서 120개월을 채우면 그때부터 연금을 받게 된다.

2 국민연금은 가입기간이 길수록 소득이 높을수록 연금액이 많아진다. 지금은 다소 어렵더라도 젊을 때부터 시작하여 가입기간을 20년 이상 늘려야 노후에 실질적으로 보탬이 되는 연금을 받을 수 있다.

3 부부가 함께 가입해서 각자의 연금을 받는다면 훨씬 안정된 노후생활을 할 수 있다. 전업주부와 같이 소득활동을 하지 않는 경우에도 임의가입을 할 수 있다.

(출처: 국민연금관리공단)

단한 경우는 이제까지 한 곳도 없고, 나라가 망하지 않는다면 연금수령의 안전성에는 문제가 없을 것이다. 국가도 이러한 우려를 알기에 과거에 70%에 달했던 소득대체율을 2028년까지 점진적으로 40%까지 낮춰가며, 연금수령 연령을 60세에서 65세까지 점점 늦추기로 했다.(물론 앞서 설명한 부분은 연금제도의 변화를 고려해서 분석한 것이다.)

내가 걱정하는 것은 현행 65세 기준을 66세, 67세로 더 늦추는 것과 9%의 낮은 보험료율을 높이는 것이다. 5년 전후로 연금재정에 대한 우려가 커지며 추가적인 연금개혁이 이뤄질 수밖에 없을 것이다. 이러한 우려와 회의감에도 불구하고 나는 국민연금을 추천한다. 위에서 설명한 대로 국민연금이 약속한 현금흐름에 대한 놀라운 복리수익률이 다소 떨어진다 하더라도 국가가 물가상승 위험을 보호해주는 이만한 연금은 없다. 그리고 국민연금에 대한 막연한 기대와 환상을 갖는 것은 곤란하겠지만, 모든 국민이 함께 국민연금이라는 배에 올라타는 것이므로 여기에 동참한다고 불이익을 받지는 않을 것이다. 무엇보다 나는 대한민국의 미래를 믿는다.

지금 당장 책 읽기를 잠시 중단하고 국민연금 홈페이지를 방문하여 당신이 지금까지 납부한 연금보험료를 점검하고 10~30년 후 당신에게 얼마만큼의 돈이 지불되는지 알아보라. 그리고 당신의 은퇴자산 주머니에 공적연금 불입액을 늘 추가하여 은퇴자산 주머니의 일부분으로 생각하라.

샐러리맨의 특혜인 은퇴자산
퇴직연금

자영업자에 비해 샐러리맨은 퇴직금이라는 어마어마한 혜택이 있다. 매월 통장에 들어오는 돈이 아니기 때문에 퇴직금의 존재를 생각하지 않고 회사에 다니는 사람들이 많다. 은퇴자산에 대해 이야기하다가 갑자기 퇴직금을 이야기해 놀란 사람도 있을지 모르겠다. 퇴직금을 퇴직할 때 받는 목돈으로 생각하는 경우가 대부분이고 은퇴자산으로 생각하는 사람은 거의 없다. 왜냐하면 회사에서 평균근속 연수가 5년 남짓이기에 평생 5개 이상의 회사를 다닌다고 하면 퇴직금을 중간에 수령해서 소비하는 경우가 다반사이기 때문이다. 오히려 1990년대 고금리 시대에는 30년 이상 근무한 직장을 떠날 때 받는 퇴직금을 고금리 예금에 넣어둘 요량으로 은퇴자산으로 생각하는 사람이 많았지만, 이제는 저금리에 연봉제인 만큼 퇴직금의 의미가 많이 퇴색해버렸다. 고령화 사회에 접어드는 지금이야말로 퇴직금을 다시 조명해봐야 할 때이다.

　나는 당신이 보통의 직장인이라면 퇴직금 또는 퇴직연금을 당신의 은퇴자산 주머니에 꼭 넣어 유지할 것을 강력하게 권한다. 당신의 월급 중 상당한 비율이 퇴직금 또는 퇴직연금으로 쌓이고 있기 때문이다. 물론 반론의 여지도 있다. 급여가 늘기는커녕 줄어드는 사람, 퇴직금 재원이 회사 내부에 유보되어 회사가 도산하는 경우 퇴지금을 받을 수 있을지 모르겠다고 한탄하는 사람, 퇴직금 체불로 고생하는 사람들……. 그러나 앞으로 근로자들의 퇴직금은 법적으로 보호되고 은퇴연금으로 수령하는 방향으로 전환될 것이다. 이제부터라도 당신 급여의 12분에 1에 해당하는 퇴직금(퇴직연금)에 대해 관심을 갖고 준비하라.

　이직이 빈번하고, 성과에 따른 보상이 확산되며, 기업수명이 점점 짧아지는 무한경쟁의 시대에는 예전의 평생직장 시대의 잔재인 퇴직금제도가 은퇴자금으로서의 실질적인 기능을 상실한 면이 있다. 회사를 떠나며 몇 백만 원 받은 퇴직금을 생활비 등으로 다 써버린다든지 근무 중에 차곡차곡 쌓여가는 퇴직금을 중간정산 받아 다른 용도로 전용하는 경우가 많기 때문이다. 심지어 노후준비용으로 생각하며 평생 근무한 직장을 떠날 때 받은 퇴직금도 자녀의 결혼비용으로 한순간에 사라지는 경우도 많다. 더 큰 문제는 회사가 도산함으로써 회사 내에 적립된 퇴직금을 구경도 못한 채 잃어버리는 것이다.

　노후자금 부족으로 인해 팽배해진 불안감이 사회적인 이슈로 부각되면서 현재 퇴직금제도의 맹점을 보완하고자 2005년부터 퇴직연금제도가 도입되었다. 퇴직금을 은퇴 이후에 연금으로 지급받는 제도다. 앞으로는 퇴직연금이 퇴직금제도를 점점 대체해 나갈 것이다.

퇴직연금제도의 가장 큰 장점은 회사가 도산할 위험으로부터 퇴직금을 안전하게 보호해주는 기능이다. 금융회사에 퇴직금을 적립함으로써 회사가 도산해도 근로자의 퇴직금은 안전하게 지킬 수 있다. 또한 퇴직연금은 중도에 인출하는 것을 제한하고 연금식 수령을 유도함으로써 퇴직연금이 생활자금 등으로 소진되는 것을 막고 은퇴자금으로 사용되도록 하고 있다. 신뢰할 수 있는 금융회사를 선정하여 연봉의 12분의 1을 잘 운용한다면 당신의 은퇴자산 주머니는 천군만마를 얻은 셈이다.

퇴직연금은 기존의 퇴직금제도처럼 기업이 운용주체가 되어 퇴직연금 적립금을 운용할 수 있는 확정급여형(DB형) 퇴직연금과 근로자가 퇴직금을 지급받아 퇴직금을 직접 운용할 수 있는 확정기여형(DC형) 퇴직연금으로 구분된다. 확정급여형과 확정기여형의 선택기준은 연봉인상률, 근로자의 운용능력, 회사의 사정, 근속기간 등에 따라 달라질 수 있다. 내 연봉 인상률이 안정적으로 물가상승률보다 더 높게 지속될 수 있다면 확정급여형이 유리한 면이 많다. 확정급여형은 회사가 퇴직연금의 운용주체이기 때문에 당신이 받을 퇴직연금을 회사가 보장한다. 퇴직연금액은 최종 퇴직 시점에 받는 급여를 기준으로 결정된다. 한 회사에 오래 근무하여 연봉이 꾸준히 인상된다면 확정급여형이 유리하다.

반면에 당신이 투자수단을 잘 선택하여 임금 인상률보다 더 높은 투자수익률을 올릴 자신이 있다면 확정기여형이 더 유리하다. 확정기여형은 근로자가 개설하고 신고한 금융기관의 퇴직계좌에 회사가 퇴직금을 넣어주면 그 퇴직금은 퇴직연금계좌에서 본인이 선택한 운용방법에 따라 운용되기 때문이다. 즉, 운용주체가 근로자 본인이 된다. 본인이 직접 적립식펀드에 가입하는 것과 유사하다. 다만, 퇴직연금에 불입된 돈은 은퇴이후에 연금으로 수령하는 것을 기본 원칙으로 한다는 점은 확정급여형과 동일하다. 당신의 고용환경에 따라 다르겠지만 보통 근로기간이 경과하면서 당신의 급여는 장기적으로 물가가 오르는 것을 반영한다. 그렇게 꾸준히 급여가 오른다면 매월 당신 급여의 8.3%(근속연수 1년당 연봉의 12분의 1)에 해당하는 퇴직금 또는 확정급여형 퇴직연금은 물가상승을 반영하여 점점 커질 것이다. 그리고 확정기여형 퇴직연금의 경우에도 물가상승을 따라가는 투자수익률을 통해 화폐가치를 유지하며 불어날 것이다.

보험연구원의 연구 자료에 따르면 투자수익률을 연 3.54%로 가정할 때 퇴직연금의 소득대체율은 25년 가입 시 15.1%, 35년 가입 시 22%로 나타났다. 퇴직연금에 납입하는 기간이 충분히 길다면 퇴직연금으로 은퇴 전 소득의 20%가 넘는 금액을 퇴직연금으로 마련할 수 있다는 얘기다.

아직 퇴직연금제도를 도입하지 않은 회사에 다니고 있다면, 지금 하는 이야기가 잘 이해되지 않을 것이다. 하지만 이제는 퇴직연금이 점점 더 중요해질 것이 분명하며 대세가 될 것이다. 앞으로 우리나라의 노후 문제는 점점 심각해질 것이며, 선진국의 모형을 따라가게 될 것이다. 대부분 선진국의 연금제도는 공적연금의 소득대체율 부족분을 퇴직연금으로 보전하는 방향으로 개선되고 있으며 퇴직연금에 과감한 연금세제 혜택을 부여하여 국민들의 노후준비를 돕고 있다. 하지만 아직 우리나라는 부족한 면이 많이 있다. 때로는 노후준비가 생명보험회사 등의 마케팅 수단으로 활용되며 기초적인 단계에 대해 너무 소홀한 면도 있다. 공적연금과 퇴직연금으로 은퇴 후 필요한 소득흐름의 절반이상을 준비하며 그 다음 단계로 나머지 부족분을 개인연금 등으로 준비해 나가는 것이 순리인데 정부도, 회사도, 개인도 제대로 된 기준을 못 잡고 갈팡질팡하고 있다.

지금은 미약하지만 퇴직연금을 통한 은퇴자금 마련이 대세가 될 것임에 틀림없다. 자영업자에게도 퇴직연금의 하나인 IRA계좌의 가입을 허용할 예정이다. 회사의 절세혜택을 위해 2011년도 이후에는 퇴직금제도를 포기하고 퇴직연금에 가입하는 회사가 점점 많아지면서 많은 회사에서 퇴직연금을 고려하게 될 것이다.

그렇다면 당신이 지금 해야 할 일은 무엇일까? 당신의 퇴직금이 얼마인지 파악하는 일이다. 회사에서 당신의 통장에 입금하지 않았을 뿐, 그 돈은 당신의 은퇴자산이다. 퇴직금은 철저하게 은퇴자산으로 인식해야 한다. 혹시 중간정산을 받았다면, 그 퇴직금을 금융자산에 아무 목적 없이 예치하지 말고, '은퇴자산'이라는 꼬리표를 달아 펀드, 예금, 연금으로 예치하라. 그리고 퇴직연금제도가 어떻게 될지 잘 살피며 당신이 앞으로 일하는 기간 동안 발생하는 퇴직금을 어떤 방식으로 적립할지 천천히 고민해보라. 잘 선택한 퇴직연금이 은퇴준비에 들어갈 당신의 수고를 덜어줄 것임에 틀림없다.

똑똑한 선택만큼 확실한 은퇴자산
개인연금

앞에서 살펴본 공적연금인 국민연금과 퇴직연금은 아주 훌륭한 은퇴자산이다. 은퇴자산은 은퇴 이후에 은퇴 직전 소득의 일정 비율을 노후기간 내내 준비하는 방안으로 마련해야 한다. 수입이 끊기는 은퇴 이후에 매월 일정금액의 소득원을 만드는 것이 기본이다.

은퇴 전 평균소득과 소득대비 연금지출 비중

은퇴 후 필요소득과 연금소득 비중

100%	생활비 지출과 다른 목적자산 마련	100% −(a)−(b)−(c)
	개인적인 은퇴자산준비 (c)	10~20%
	퇴직연금 (b)	8.3%
	국민연금 (a)	9%

세제적격연금저축 (변액)연금보험 주식형펀드 예금	35%	70%
퇴직연금	15%	
국민연금	20%	

우리는 앞서 국민연금에서 소득대체율의 개념을 살펴보았다. 사람마다 편차가 있겠지만 평균적으로 돈 걱정 없는 노후를 위해서는 은퇴 전 평균소득의 70% 정도를 마련하면 된다. 노후에는 의료비가 증가하겠지만 교육비나 주택을 마련하기 위한 지출과 여타 저축과 투자가 줄어들기 때문에 은퇴 전 소득의 70% 정도면 충분하다.

70%로 목표를 세웠다면 어느 항목에서 조달할 수 있을지 살펴보자.

국민연금이 추구하는 소득대체율(소득의 40%)은 20세부터 60세까지 40년 납부를 가정했을 때이고, 우리나라 평균근로자의 근속기간과 국민연금 납부기간을 고려하면 현실적이지 않다고 이미 얘기했다.● 소득의 40%를 국민연금에서 조달할 수 있다면 은퇴준비가 한층 수월해지겠지만 향후 변화 등을 고려한다면 평균적인 소득의 가입자가 기대할만한 소득대체율은 15~30% 정도가 적정하다.

● 보험개발원의 연구 자료에 따르면 우리나라 근로자는 보통 26세에서 54세까지 평균 27년을 근무하고 78세까지 24년의 노후를 보낸다는 가정 하에 국민연금의 소득대체율은 22.8%, 퇴직연금은 12.6%이 될 것으로 본다.

또한 퇴직금 또는 퇴직연금을 다른 곳에 전용하지 않고 은퇴자산으로 꾸준히 유지한 경우에는 은퇴 전 소득의 10~20% 정도를 조달할 수 있다. 국민연금과 퇴직연금으로 은퇴 전 소득의 35% 정도를 마련한 것이다.

많은 사람들이 노후준비를 못하고 있다고 자책하며 노후준비를 부담스러워한다. "노후준비 하세요?"라고 물어보면 "못하고 있습니다. 해야 하는데요."라고 답하거나 "개인연금, 펀드에 가입하고 있습니다."라는 말을 한다. 거의 대다수가 국민연금과 퇴직금을 은퇴자산으로 생각하지 않고 있다. 소중한 돈을 지불하고 있으면서도 은퇴자산으로 인식하지 못할뿐더러 돈이 줄줄 새는 것으로만 여긴다. 이러한 잘못된 오해와 낭비의식 때문에 은퇴에 대한 소망이나 확신보다는 걱정과 조급함이 앞서게 되는 것이다. 개인연금에 가입하는 등 개인적인 은퇴준비를 서두르기 전에 수입 중 상당한 부분이 노후를 위해 국민연금과 퇴직금(퇴직연금)에 적립되고 있다는 사실을 인식하고 은퇴자산의 기초를 튼튼히 해야 한다. 은퇴준비는 바로 여기서부터 출발한다.

물론 국민연금과 퇴직연금으로는 충분한 은퇴자산을 마련하는 데에 한계가 있다. 따라서 두 연금으로 마련하지 못한 나머지 은퇴 전 소득의 35%(자영업자라면 50%, 퇴직금 혜택이 없기 때문이다.)를 개인적으로 더 마련할 방법들에 대해서도 살펴봐야 한다.

우리는 은퇴자산의 실체를 점검하면서 집을 은퇴자산으로 활용했을 경우, 자기 나이에서 15를 차감한 비율만큼을 은퇴를 위해 개인적으로 저축해야 한다는 사실을 알았다. 자영업자나 퇴직금을 다른 곳에 전용하여 은퇴자산으로 활용할 수 없는 근로자는 현재 나이부터 노후를 준비한다고 할 때 월수입에서 얼마를 저축해야 할지 알려주는 지표가 된다. 그런데 만일 퇴직금 또는 퇴직연금을 활용할 수 있다면 위의 공식은 15가 아닌 20을 차감하면 된다. 은퇴를 준비하는 기간 중 퇴직금을 은퇴자산으로 활용할 수 있기 때문이다.(은퇴 준비기간 중 3분의 2를 근로기간으로 추정함.) 그렇다면 퇴직금을 활용하는 사람이 현재 나이에서 노후 대비를 시작한다고 할 때 수입 대비 저축할 비율은 다음과 같다.

구 분	25세	30세	35세	40세	45세
자영업자 또는 퇴직금을 다른 용도에 전용한 경우 '자기나이 – 15%'	10%	15%	20%	25%	30%
퇴직금 활용 시 '자기나이 – 20%'	5%	10%	15%	20%	25%

일반적으로 위와 같은 은퇴저축 비율은 국민연금과 퇴직금(퇴직연금)으로 은퇴 전 소득의 35~40% 정도를 마련할 수 있을 때를 가정한 것이다. 즉, 은퇴 전 소득의 70% 중에서 개인적인 준비를 통해 추가 소득 흐름 30~35%를 더 만들 수 있는 비율을 뜻한다.

그렇다면 개인적으로 은퇴자산을 어떻게 만들어야 할지, 즉 어떤 금융상품을 조합해서 포트폴리오를 구성해야 할지 살펴보자. 금융상품은 예금, 적금, 연금보험(공시이율)처럼 금융기관이 운용을 책임지고 약정된 금리를 제공하는 저축상품과 주식, 채권, 펀드, 변액보험 등에 가입한 사람이 운용 결과에 대한 책임을 지는 투자상품으로 나눌 수 있다. 저축상품은 운용을 책임지는 금융기관이 파산하지 않는 한 원금 손실이 없다. 반면에 투자상품은 큰 수익이나 손실을 볼 수도 있으며 투자의 결과물에 대해서는 전적으로 투자자가 책임을 져야 한다.

- **저축 상품:** 예금, 적금, 연금보험(공시이율)
- **투자 상품:** 주식, 채권, 펀드, 변액보험

나는 은행에 일하면서 대부분의 저축상품과 투자상품은 경험해보았다. 지금도 계속해서 수많은 금융상품들이 쏟아져 나오는데, 기본적인 저축과 투자의 범위 내에서 약간씩 변형, 조합된 것들로 자세히 들여다보면 기존 범위를 벗어나는 것은 없다. 그런데 단순한 것 같은 금융상품 내부에는 다양한 조건과 상황, 가능성이 얽혀 있어 전문가들도 예단을 내리기 어려울 때가 많다. 그렇기에 금융상품을 잘 알고 있는 사람에게는 유용한 도구가 될 수 있지만, 상품의 기본 특성조차 파악하지 못한 채 남에게 무턱대고 돈을 맡기며 저축과 투자 행위를 일삼는 사람에게는 위험한 도구가 될 여지가 충분히 있다.

저축이란 당신이 최초에 투자한 돈, 즉 원금이 보존되며 일정한 수익이 보장되는 형태로, 예금이 대표적인 상품이다. 정기예금은 3, 6, 12개월 등 특정한 기간 동안 이자율이 정해져 있는 목돈운용을 위한 예금상품이고, 정기적금은 매월 수입의 일정액을 불입하여 목돈을 만드는 형태의 예금상품이다. 일정 기간 동안 돈을 계속 넣느냐, 거치식으로 투자하느냐의 차이일 뿐 확정된 이자가 주어진다는 측면에서 둘 다 저축상품으로 은행이나 저축은행에서 가입할 수 있다. 일반적인 경우 약정된 금리를 받게 되어 있어 약정된 금리가 높은 상품에 투자하는 것이 돈을 버는 지름길이다. 또한 고령화 문제가 심각해지면서 저축해놓은 돈을 연금 방식으로 지급하는 경우가 많아졌다. 이 때에는 돈을 분할해서 지급받기 때문에 일정 소득이 없는 은퇴 이후에 단비와 같은 소득흐름을 제공해줄 수 있어 꽤 괜찮은 방법이다.

반면에 투자상품은 주식, 채권, 실물자산 등 종류에 따라 다양한 방식으로 운용될 수 있다. 기초자산을 직접 투자하는 경우를 직접투자(주식투자, 채권투자 등 직접 주식과 채권을 매입하는 경우)라고 하고, 전문가에게 맡겨서 간접적으로 투자하는 형태를 간접투자라고 한다. 간접투자 중에서 당신이 많이 들어본 상품은 아마도 펀드, 변액보험상품일 것이다.

금융상품을 선택하는 원칙

은퇴금융상품을 설명하기 전에 일반적인 금융상품을 선택하는 원칙을 먼저 살펴보자. 어려운 금융상품이라고 지레 겁먹지 말고 3가지 원칙만 고려하여 자신에게 필요한 현금흐름 창출을 위한 금융상품을 선택하자.

- 안전성 – 투자원금을 안전하게 찾을 수 있는가?

금융상품을 가입하기 전에 원금의 보존여부를 꼭 확인해야 한다. 금융기관이 자금을 운용해서 원금과 수익을 지급하는 경우에는 금융기관의 안전성까지 살펴볼 필요가 있다. 그리고 투자상품처럼 자금운용 책임이 본인에게 있고 원금보장이 되지 않는 경우에는 어떤 시장상황에 따라 수익률이 변하는지를 꼭 확인해야 한다. 안전성이 확보된 상품 중에는 금리가 높은 상품이 유리하다. 이자가 주어지는 기간별 현금흐름을 분석해서 수익성이 높은 상품을 선별해야 한다. 안전성을 무시한 채빨리 수익을 내겠다는 급한 마음에 일을 벌이면 당신이 땀 흘려 번 소중한 원금까지도 잃을 수 있다. 돈을 버는 것만큼 지키는 것이 중요하다는 사실을 잊지 마라.

● 수익성 – 투자한 원금을 어느 정도의 수익으로 늘릴 수 있는가?

주식, 펀드가 예금에 비해 수익성이 더 높은 게 일반적이다. 하지만 수익이 높을수록 위험은 크다는 사실을 명심해서 투자상품을 구입할 때는 아주 신중해야 한다. 본인의 투자성향을 점검받는 것은 기본이고 투자에 따른 제반비용(선취수수료, 가입기간 중 보수 등)을 공제한 후 수익률에 따른 예상 현금흐름을 반드시 검토해야 한다. 가령, 수수료를 공제한 후 얼마가 투자되는지, 어떤 시장상황, 전망에 따라 수익률이 어떻게 변동하는지, 또 다른 조건을 내걸고 있지는 않은지 등을 종합적으로 검토해야 한다. 수익성이 높은 상품이 단기로 운용되는 경우는 드물기 때문에 환금성 제약을 동시에 살펴야 한다.

● 환금성 – 긴급할 때 돈을 얼마나 빨리 회수할 수 있는가?

금융상품의 만기와 관련된다. 보험, 펀드의 경우 중도해약 또는 중도해지 시 추가적으로 투입되는 비용조건을 검토하고, 예금, 채권의 경우 중도해약이나 매도가 가능한지 여부를 살펴봐야 한다. 예금은 이자를 손해 보고 중도에 해약이 가능하지만 CD에 예금한 경우에는 중도해약이 안 된다. CD를 매도해서 현금흐름을 창출해야 하기 때문이다. ELS, ELF, ELD 상품처럼 기초자산, 조기상환 조건, 수익률 결정 조건, 환매제약 조건 등 다양한 조건을 내걸고 있는 경우 환금성의 제약을 풀기 위해서는 엄청난 수수료를 지불하는 경우도 있다. 또한 대부분의 보험상품은 수수료가 선 공제되기 때문에 아무리 좋은 보험도 환금성에 제약이 있다는 사실을 염두에 두어야 한다. 물론 환금성을 완화시키는 보험은 가령, 즉시연금, 유니버셜보험 등을 제안받는 경우라면 연금을 즉시 지급받는 경우 수익성이 얼마인지를 살펴보고, 유니버셜보험의 경우 중도인출에 따른 불이익(제반 비용, 복리효과의 경감 등)은 없는지 꼭 살펴봐야 한다.

은퇴자산 주머니에 들어갈 수 있는 금융상품

금융상품을 선택하는 기본 원칙을 배웠으니 이제 당신의 은퇴자산 주머니에 넣을 수 있는 금융상품을 살펴보자.

● 세제적격연금저축

은퇴상품으로 고려할 수 있는 상품은 연금상품이다. 연금상품은 소득공제 혜택의 여부에 따라서 세제적격과 세제비적격 상품으로 나누어진다. 세제적격 상품은 연금불입액에 대해 소득공제를 받을 수 있는 상품을 말하고, 비적격 상품은 소득공제 혜택이 없는 경우를 말한다. 세제적격연금은 돈을 납부하는 단계에서 소득공제를 받아 세금을 돌려받고 연금을 수령할 때 연금에 대해 소득세를 내는 구조로 되어 있다. 즉 젊은 시절 소득세를 연금수령 이후로 이연시키는 효과가 있다.

소득공제가 가능한 연금상품에는 신탁형, 보험형, 펀드형 3가지 유형이 있다. 연금펀드는 자산운용사에서 주식, 채권, 상품자산 등을 운용하여 그 결과에 따라 수익률이 변동되는 실적배당 상품이다. 주식 비중이 있는 상품을 선택하는 경우에는 변동성이 큰 단점이 있지만 비교적 기대수익률이 높다는 것이 장점이다. 따라서 은퇴까지의 기간이 많이 남은 20~30대는 연금상품을 펀드형으로 선택하는 것이 좋다.

연금신탁은 은행에서 운용하며 주로 채권 등의 안전자산에 투자해서 원금이 보장되고 수익률이 안정적인 것이 특징이다.(주식과 채권에 혼합해서 운용하는 은행도 있다.) 하지만 연금신탁의 최근 운용수익률을 보면, 연 2~3%로 1년 만기 정기예금 이율과 비슷하거나 전반적으로 낮았다. 안전성은 매우 뛰어나지만 일반적으로 장기적인 운용에서 수익성이 떨어지는 것 같다.

소득공제 가능한 연금상품

구분	신탁형	보험형	펀드형
운용사	은행	보험사	자산운용사
장점	원금 보장 수익률 안정	연 5% 내외 안정적인 복리수익	운용결과에 따라 수익률 변동되는데 기대수익률이 높음
단점	장기적으로 위험	단기간 내에 해약 시 원금 수령 어려움	변동성이 큼

연금보험은 보험사에서 운용하여 연 5% 내외의 안정적인 복리수익률(보험이기에 사업비가 있는데, 연금저축보험의 경우 사업비는 다소 저렴하다. 그리고 적용금리를 공시이율이라고 하는데 시장금리를 반영하여 변동된다.)을 받을 수 있고, 보장의 기능을 함께 받을 수 있는 장점이 있다. 하지만 기대수

익률이 연금펀드에 비해 낮고, 가입 후 단기간 내에 해약하면 원금에서 사업비 등이 이미 빠져나갔기 때문에 원금을 다 받지 못할 수 있는 단점이 있다.

소득공제 연금상품은 55세까지 장기로 유지하고 연금의 형태로 수령해야 한다. 만일 중도에 해약할 경우에는 그동안 받아왔던 소득공제 혜택과 발생한 이익이 기타소득으로 간주되어 소득세를 추징당한다. 가입 후 5년 이내 해약을 한다면 가산세도 내야 한다. 그만큼 연금상품은 세금혜택을 주는 만큼 가입자에게 연금의 형태로 수령할 것을 요구한다. 소득공제형 연금상품은 반드시 55세까지 유지하여 연금의 형태로 수령한다는 결심으로 은퇴저축을 시작해야 한다. 또한 소득공제 연금상품은 가입기간 동안 소득세를 납부하는 사람이 가입하는 것이 좋다. 소득세를 돌려받을 수 있기 때문이다. 현행 세법상 연금저축상품의 연간 소득공제액은 300만 원(확정기여형의 퇴직연금 본인부담액을 포함)이므로 일반적으로 소득세 결정세액이 있는 사람은 매월 25만 원 이내에서 연금저축을 활용하는 것이 향후 연금수령 시 세후수익률을 극대화할 수 있다. 그러나 현재나 장래에 소득세를 내지 않는 사람에겐 연금저축보다는 다음에 설명할 비적격연금보험이 훨씬 나은 대안이다. 그 이유는 연금을 수령할 때 연금저축은 수령하는 금액 중에서 소득공제를 받은 원금과 이자발생총액에 대해 연금소득세를 내야하는 데 비해서 비적격 연금보험은 10년 이상 유지하면 세금이 없기 때문이다.

2005~2007년처럼 증시가 큰 상승세를 보일 때는 연금펀드의 수익

률이 높았다. 반대로 2008년처럼 증시가 크게 하락할 때는 연금펀드의 성과가 아주 저조했다. 주식 비중이 있기 때문이다. 물론 하락한 주식시장은 장기적으로 회복하겠지만 주식시장이 하락하는 시점에 연금펀드에서 연금을 수령하는 시점이 된다면 끔찍할 것이다. 연금저축처럼 한 번 가입하면 55세까지 유지해야 하는 경우 환금성에 제약이 크다는 점을 꼭 기억하고, 단단히 결심하고 가입해야 한다. 하나의 금융상품을 장기로 유지하는 일이 생각만큼 쉽지 않기 때문이다. 연금저축을 중도해약하는 것은 득 될 일이 전혀 없다. 55세까지 유지해야 한다. 그렇다면 이러한 환금성의 제약은 인정하지만 내 연금저축을 다른 종류(펀드, 신탁, 보험) 또는 같은 종류 내에서 다른 펀드나 신탁, 보험으로 변경하고 싶다면 어떻게 해야 할까? 주식시장이 펄펄 날고 있는데 당신이 가입한 연금신탁이 연 2~3%로 바닥을 기고 있다든지, 은퇴 시점이 다가왔는데 연금펀드 수익이 불안한 경우 다른 금융회사의 상품으로 옮기고 싶은 욕구가 들 것이다. 이때 당신이 가입한 연금저축에 불만이 있다면 해약을 고려하기 전에 '연금저축 계약이전 제도'를 활용할 것을 권하고 싶다. 계약이전 시 중도해약의 소득공제가 추징되거나 가산세를 내야 하는 세제상 불이익이 전혀 없기 때문이다. 계약이전을 위해서는 이전하고자 하는 금융기관의 연금상품을 선택하고 금융기관을 방문하여 연금상품 계좌를 개설하면 된다. 현재 가입되어 있는 금융기관에서 계약이전 신청서를 작성하고 신규 개설한 금융기관과 이전해줄 금융기관 사이에서 통보와 접수과정이 제대로 이루어졌는지 확인만 하면 된다.

　계약이전 시 주의해야 할 사항은 연금저축펀드, 연금저축신탁에서 다른 연금저축으로 이동하는 경우 현재 평가액을 기준으로 이전금액이 결정된다는 사실이다. 한편 연금보험은 단기간에 이전할 때 이미 차감된 사업비 때문에 원금이 손실된 상태에서 이전될 수 있다는 점을 유의해야 한다. 연금보험은 가입하면 해약뿐만 아니라 가급적 이전을 하지 않는 것이 좋다. 왜냐하면 사업비가 미리 차감되고, 보험사의 적용금리는 복리로 운용되기 때문에 55세까지 가입을 유지하고 연금의 형태로 수령하는 것이 유리하다.

젊은 사람의 경우에는 연금저축펀드의 주식 비중이 높은 상품에 먼저 가입하여 공격적인 운용을 하다가 은퇴 시점 5년 전에 연금저축펀드 중 주식 비중이 낮은 혼합형상품 또는 은행에서 운용하는 연금신탁으로 계약을 이전하는 방향을 고려해볼 만하다. 젊은 시절에 장기적으로 물가상승률을 능가하는 수익을 올려주는 주식으로 운용하다가 은퇴 시점이 다가오는 경우에는 안정성을 높여주는 것이 좋기 때문이다.

그리고 연금저축펀드에 가입했다면 내 펀드가 다른 운용사의 연금저축펀드와 비교해서 제대로 잘 운영되고 있는지 정기적으로 비교해봐야 한다. 같은 연금저축펀드라 하더라도 수익률이 천차만별인 경우가 많기 때문이다. 일부 펀드 운용사는 연금저축펀드를 고객들이 한 번 넣으면 해약하지 않는 자금으로 생각하고 운용에 신경을 덜 쓰는 경우도 있다. 최소 1년마다 연금저축펀드를 점검하여 운용 능력을 점검해봐야 한다. 같은 위험을 부담하면서 제대로 운용되지 않는 펀드는 운용사를 갈아타는 것을 고려해보라.

저축여력이 충분하고 은퇴 시점이 10년 이상 남았다면 연금펀드보다 연금보험에 가입하는 것이 유리할 수 있다. 연금저축(신탁, 펀드, 보험)의 단점은 원금 이외에도 불어난 이익에 대해 55세 이후에 연금소득세로 최소 5.5%가 과세되기 때문이다. 저축여력이 많은 경우 안정성이 뛰어나고 불어나는 이익이 고정되어 있는 연금보험을 전체 포트폴리오 중에서 안전자산으로 분류하여 가입하고, 수익성을 추구하는 주식 비중은 현행 세법상 주식의 매매차익에 대해 소득세가 부과되지 않는 주식형펀드에 가입하는 것이 세후수익률 측면에서 훨씬 유리하기 때문이다. 이미 연금저축보험에 가입한 분들은 연금저축액만큼은 안전자산에 저축한다고 생각하고 연금수령 시점까지 보험계약을 유지하는 것이 좋다. 그리고 자신이 생각하는 안전자산 총 비중에서 연금저축 부분을 차감하여 다른 자금운용도 고려할 필요가 있다.

오래 살수록 이익인 연금보험

'연금'이라는 단어가 들어 있는 상품은 연금 개시 시점까지의 원리금을 연금의 방식으로 지급하는 유형을 말한다. 즉, 연금지급 기간 동안 분할하여 지급하는 것이다. 그런 상품으로는 국민연금, 기업연금, 세제적격연금저축, 그리고 연금보험이 있다. 은퇴설계의 핵심은 은퇴 이후 현금흐름을 만들어 노후생활에 쓸 소득을 만드는 데 있다. 은퇴 후 소득흐름을 만드는 방안으로 훌륭한 방안 중 하나가 지금 설명할 연금보험이다. 앞에서 설명한 연금저축과 달리 연금보험은 불입원금에 대한 소득공제 혜택이 없고, 펀드나 신탁의 형태는 없고 단지 연금보험만 있을 뿐이다.(단, 저축성보험의 일반적인 혜택에 해당하는 10년 이상 유지하는 경우 이자소득세 비과세 혜택을 받을 수 있으므로 연금수령 시점에서 세금을 내지 않아도 된다.)

연금보험의 매력은 향후 연금수령 시 비과세되기 때문에 절세효과가 탁월하다는 점과 연금 개시 이후에는 연금으로 수령한다는 점이다. 먼저 연금수령 방식을 말하자면 크게 상속형, 종신형, 확정형으로 나누어볼 수 있다.

연금 개시 시점에서 상속형을 선택하면 원금은 가입자 사망 시에 가족에게 지급되고 사망 시점까지는 그 원금에 대해 이자가 지급된다. 정기예금에 가입하고 이자를 받다가 나중에 원금을 받는 것과 비슷하다. 확정형은 가입자가 정한 기간(5년, 10년, 20년 등 가입자가 지정하여 선택) 동안 원리금을 연금의 형태로 지급하는 것이다. 종신형을 선택하면 원리금을 보험사가 피보험자가 사망할 때까지 연금을 지급한다. 피보험자가 살아있는 한 계속해서 말이다. 피보험자가 죽을 때까지 지급한다? 그렇다. 이것 역시 오래 살수록 이익이다. 보험사에서는 경험생명표를 활용하여 수명을 예상하고 그에 따라 종신연금계획을 실행한다. 보험사에서 생각한 수명보다 더 오래 살 경우 종신형연금은 아주 뛰어난 수익률을 얻을 수 있다.

예를 들어, 50세인 당신의 연금보험 불입원금평가액이 1억 원 정도인 상태에서 연금이 개시된다고 해보자. 상속형을 선택하면 매월 30만 원, 종신형을 선택하면 45만 원, 20년 확정기간 동안 받는 확정형은 60만 원을 지급받는다.(이는 독자들의 이해를 위한 대략적인 금액이다.) 지금

50세라면 20년 이상 더 오래 살 가능성이 크다. 그러므로 종신형을 선택하면 상속형에서 지급하는 이자수준보다는 더 많이 받고 확정형보다는 덜 받게 되어 있다.

상속형 〈 종신형 〈 확정형

만일 위와 같은 상황에서 종신형을 선택해서 연금을 수령한다면 평균수명보다 훨씬 오래, 만일 120세까지 산다면 연금에서 발생한 수익률은 엄청나다. 보험회사에서는 당신이 80세 초반까지 살 것으로 예상하고 종신연금액을 설정했는데 40년이나 더 오래 살았기 때문이다. 물론 반대의 경우, 즉 조기 사망 시에는 당신이 상대적인 손해를 볼 여지도 있다. 오래 사는 위험이 가장 무서운 초고령화 시대이기 때문에 종신형 연금보험은 오래 살 위험에 대비할 수 있는 유형이다. 내가 얼마나 오래 살지 모르는 상황에서 연금보험에 가입하기 때문이다.

당신이 매월 30만 원을 20년 납입 연금보험에 가입한다고 가정하자. 당신이 서명하는 그 연금계약은 푼돈 30만 원 계약서가 아니다. 7,200만 원(30만 원×12개월×20년)짜리 계약서다. 이는 당신이 평생 12억 원을 번다면 평생수입의 6%에 해당하는 아주 큰 계약이다. 만일 당신이 30만 원씩 국내주식형펀드에 넣어 연 8%의 복리수입을 거둔다면, 1억 7,600만 원의 거금이 될 돈이다. 앞으로 연금보험에 가입하려면 최소 3개 이상의 연금보험을 비교해서 당신에게 가장 적합한 것을 선택하라. 20년 동안 당신의 돈을 안정적으로 운용할 파트너를 정한다는 간절한 심정으로 연금을 선택해야 한다.

연금보험은 보험사마다 고시하는 공시이율에 따라 복리의 형태로 이자가 붙어 연금자산이 늘어나는 금리연동형 상품과 보험료를 주식, 채권 등에 투자해서 운용성과에 따라 연금자산이 달라지는 변액연금이 있다. 많은 사람들이 자신이 가입한 상품이 어떻게 운용되는지 모르는 경우가 많다. 어떻게 운용되는지 모르는 사람은 그나마 양반이다. 안타깝게도 심지어는 연금에 가입하고도 그것이 연금인 줄 모르는 사람도 있다. 2~3년 후 해약할 생각으로 연금에 가입하면서 가입과 해약을 반복하는 것이다. 그러면서 돈이 모이기를 바란다는 것은 한마디로 어불성설이다. 미안하지만 당신이 돈이 어디에 있는지조차 알려고 하지 않는다면 돈은 절대로 당신에게 오지 않는다. 당신 돈이 어느 곳에 운용되고 있는지, 어떻게 운용되는지, 전망은 어떠한지 지속적으로 살피고 또 살펴라.

당신의 은퇴 시점에 따라 연금보험의 선택은 달라져야 한다. 공시이율 연금보험의 맹점은 바로 인플레이션에 매우 약하다는 것이다. 정기예금 이자율보다 다소 높은 공시이율 연금보험은 비과세 효과로 인해 세후이자 수령액에서 정기예금을 압도한다. 그렇지만 정기예금과 공시이율 연금보험 둘 다 금리에 연동된다는 점에서 볼 때 안전하지만, 장기적인 물가변동을 따라가지 못할 가능성이 커 시간이 지나감에 따라 연금의 가치가 떨어질 가능성이 많다. 따라서 공시이율 연금보험은 현재 은퇴를 10년 이내로 앞둔 사람들의 안전자산 편입비중에 적합하다. 가령 50세라면 50% 이상의 안전자산을 두어야 하는데 50% 중에서 일부를 공시이율 연금보험으로 선택하는 것이 좋다.

　45세 이전의 사람들, 즉, 은퇴까지 시간이 많이 남은 사람들은 주식 비중을 고려하여 운용되는 변액연금보험을 통해 은퇴자산을 준비하는 것이 좀더 적합하다고 생각한다. 변액연금보험과 주식형펀드를 비교하는 사람들이 있는데 두 상품은 사실 비교대상이 될 수 없다. 주식 비중도 다르고, 운용 목적과 기간이 다르기 때문이다. 변액연금보험의 가장 큰 매력은 주식, 채권 등에 보험료를 투자하여 물가상승에 따른 연금자산의 하락을 보상해주는 데 있다. 또한 펀드와는 달리 보험 고유의 기능인 보장의 기능이 있고, 연금 개시 시점에 원금을 보장(사실 나는 원금보장은 그렇게 중요하지 않다고 생각한다. 원금보장 대가로 인한 코스트보다 장기적으로는 위험을 부담하는 편이 낫기 때문이다.)해주며, 변액연금보험 상품 내에서 가입자의 선택에 따라 주식 비중을 조절할 수 있는 장치가 마련되어 있는 등 다양한 장점이 있다.

　다만, 변액연금보험을 가입할 때는 사업비, 운용능력, 총운용자산 규모 등을 고려하여 가입해야 한다. 연금을 수령할 때까지 함께 가야 할 파트너를 선택하는 과정이며 당신이 평생 버는 수입의 상당액이 투자되기 때문이다. 또한 당신의 은퇴 시점이 다가올수록 주식 비중을 줄여나가는 것을 꼭 고려하기 바란다. 은퇴 시점이 가까이 왔고 주식이 조정받기 전에 어느 정도 수익률을 달성한 상태라면 반드시 주식 비중을 줄여나가야 한다.

　어떤 연금보험이든지 효과를 보려면 최소 10년 이상은 유지해야 한다. 10년 이상을 유지한다는 것이 쉽지 않지만 연금은 은퇴준비용으로 가입한 만큼 단단히 마음먹고 은퇴자산에 편입시켜야 한다. 10년 이전에 해약할 가능성이 있는 자금이라면 가입할 생각은 아예 하지 마라. 보험상품은 장기적으로 안정적인 운용수익률과 저렴한 비용이라는 장점이 있는 반면, 사업비 등 초기 수수료가 높아 해약하면 손해를 볼 수 있다.

또 한 가지 중요한 사실! 고령화 시대에는 연금에 가입하려면 빨리 가입하는 것이 이익이다. 만일 30세인 사람이 지금 연금보험에 가입하고 30년 후 지급받는 연금 액수와 5년 후에 동일 보험료로 연금보험에 가입하여 30년 후 지급받는 연금 액수는 상당한 차이가 난다. 동일 조건이라도 시간이 지날수록 미래에 받는 연금액수가 줄어든다. 왜냐하면 현재 연금보험 보험료와 연금 지급액은 연금수령 시점이 아닌 가입 당시의 평균수명표를 활용하여 결정되며 평균수명은 시간이 지나면 점점 길어질 수밖에 없기 때문이다.

펀드와 예금, 기타금융자산

은퇴자산은 장기간 준비해야 할 자산으로써 장기운용을 전제로 하는 상품에 저축과 투자를 하면 단기적인 운용보다는 아무래도 수익성이 좋다. 그리고 저 멀리에 있는 은퇴까지 장기적인 계획을 세우는 첫 단추를 끼우는 역할을 하므로 근시안적인 시야를 밝혀주고, 목돈을 털어 쓰고 싶은 욕망을 절제하도록 도와준다. 혹자는 은퇴자산의 경우 장기간 운용이 전제되어야 하기 때문에 은퇴전용상품에만 가입해야 한다고 말한다. 앞서 설명한 연금저축, 연금보험, 변액보험을 말하는 것이다. 일부는 맞는 말이다. 하지만 돈 관리는 무 자르듯이 구분할 수 있는 것이 아니다. 분명 은퇴자산으로서 장기상품이 장점이 있다. 하지만 장기상품으로만 은퇴자산을 운용할 경우에는 환금성에 제한이 있어 수시로 변하는 금융시장환경을 생각할 때 현명한 처사는 아니다.

5대 자산(예비, 집, 은퇴, 보장, 투자)은 결국 은퇴자산으로 통합된다. 우리는 모두 다 늙고 첫 번째 커리어에서 은퇴를 하기 때문이다. 당신이 마련한 5가지 핵심자산이 은퇴자산이 되어 제2의 행복한 인생을 살도록 도와줄 것이다. 그런 점에서 본다면 은퇴자산은 모든 자산의 교량역할과 배분역할을 담당하는 가장 중요한 자산이라 할 수 있다. 당신이 마련한 집과 투자자산은 역할을 모두 감당한 후에(해당 목적에 사용된 후에) 그 나머지 운용금이 은퇴자산으로 통합되고, 예비자산과 보장자산은 은퇴자산을 지켜주는 역할을 한다. 따라서 은퇴자산 주머니에도 3~5년의 중기적인 운용을 전제로 하는 상품을 포함해야 한다. 가령, 펀드나 정기예금, 후순위채권 등이 바로 편입대상이다.

현재 나는 은퇴자산 주머니에 9가지 금융상품을 편입하고 있다. 9개의 통장을 갖고 있는 셈이다. 다음의 1번부터 6번까지는 이미 설명한 것들이고 7번부터 9번까지는 중단기적인 상품으로 구성하였으며, 각 통장에는 은퇴자산이라는 꼬리표를 달아 놓았다.

1 국민연금
2 퇴직금

3 세제적격연금저축

4 변액연금

5 공무원연금(배우자)

6 교원공제회부금(배우자)

7 국내주식형펀드(성장주 적립식)

8 국내주식형펀드(가치주 적립식)

9 해외펀드

내가 장기상품과 더불어 중단기상품을 은퇴자산에 편입시킨 이유는 환금성에 제약 없이 은퇴자산을 불려나가고자 하는 욕구와 금융시장 환경의 변화에 적극적으로 대응하기 위함이다. 은퇴자산의 주된 목적은 은퇴 이후의 현금흐름을 만들어나가는 것이다. 그렇기에 연금이 좋은 방법이다. 그렇지만 연금(국민+퇴직+개인연금)의 역할은 은퇴 전 소득의 60~70% 정도의 기본생활비를 마련하는 데 그친다. 좀더 여유로운 삶을 위한다면 수익성 있는 상품을 신축성 있게 중기적인 운용을 전제로 하는 펀드나 예금에 편입시킬 필요가 있다.

당신이 저축할 수 있는 재원은 '매월 소득의 일정액'과 부동산매도자금, 예적금 만기자금, 특별상여금 등 '목돈'으로 나눠볼 수 있다. 소득의 일정비율을 꾸준히 은퇴준비에 투자하는 것(연금이 기본이며 적립식펀드포함)과 동시에 목돈에 대한 체계적인 운용(펀드, 예금)에 신경 쓰기 바란다. 이렇게 은퇴자산을 만들다보면 3년 후, 5년 후, 10년 당신의 은퇴자산 주머니는 상당한 금액으로 불어나 있을 것이다. 그때부터는 목돈 관리가 주된 이슈가 되며 금융자산에서 발생하는 수입이 점점 늘어나기 시작한다. 당신이 꿈으로만 여겼던 일이 일어나는 것이다. 은퇴자산에서 원금을 인출하지 않고도 거기서 발생하는 소득만 가지고도 풍요로운 은퇴생활을 할 수도 있다. 장기간 복리로 늘어난 돈이 당신에게 자유를 선물하는 것이다.

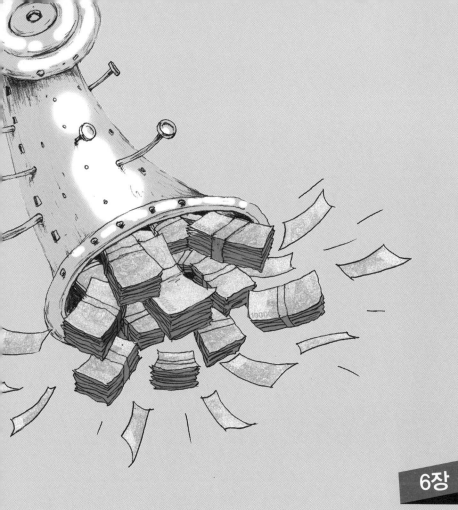

6장

보장자산으로
만일의 위험에 대비하라

돈을 소유하는 것이 버는 것보다 더 힘들다.

— 세네카

우리의 생각대로만 살아진다면 좋겠지만, 우리의 바람과는 달리 인생에는 예기치 못한 변수가 늘 존재한다. 또 눈에 보이는 재산에만 집착하며 살다 보면 보이지 않는 위험을 간과해버린다. 언제 위험이 닥칠지 모르지만 그 위험이 우리 인생에 큰 영향을 끼치지 않을 든든한 보장의 그물을 만들어야 한다.

보장자산은 선물자산이다

보장자산이란 무엇을 말하는가? 그렇다. 보험이다. 당신이 열심히 일하여 그 대가로 받는 수입이 있다 하더라도 예기치 못한 불행이 닥치면 그에 따른 막대한 지출이 생길 수밖에 없다. 자기 자신이나 가족이 갑자기 큰 병에 걸린다거나 갑작스럽게 사고를 당하는 일은 말 그대로 갑자기 닥친다. 더구나 당장의 수입보다 지출이 더 많다고 볼 수 있는 40대나 50대에 이런 일들을 당하면 회복하기 어려울 정도의 큰 경제적인 타격을 받는다. 이러한 때를 대비해서 반드시 보장자산을 만들어야 한다. 흔히 말하는 보험에 가입해야 한다. 보험이라는 것이 어려울 때를 대비한다고 하지만 사실 이래저래 가입한 보험 때문에 지금 당장 나가는 돈이 만만치 않은 게 현실이다. 하지만 보험은 안 좋은 일이 생겼을 때 지금 내가 가진 경제적 여건으로는 감당하기 힘든 부분을 도움 받을 수 있는 안전장치이다. 즉 어려운 일을 극복할 수 있도록 하는, 말 그대로의 '보장자산'이라고 생각해야 한다.

● 순수보장성보험의 경우 수입의 5%가 적당하다. 그런데 우리나라는 환급금이 있는 보험이 보편화되어 있어 환급금에 따라 수입 대비 보험비율은 10%까지 늘어날 수도 있다.

보장성보험에는 수입 자동배분 시스템에서 설명한 것처럼 매월 세후 수입의 5~10%●를 따로 떼어놓으면 된다. 당신의 월 세후 수입이 300만 원이라면 15~30만 원 범위 내에서 가족의 보장 범위가 겹치지 않도록 종류별로 보장성보험에 가입하면 된다. 내 경험상 4인 가족 기준으로 보장성보험은 최소 3개 이상이 될 것이다.(자동차 보유 가족의 경우 자동차보험 포함.)

보장자산에도 여러 개의 증서가 나올 수 있다. 나는 의료비 실비보험, 자동차보험, 종신보험, 정기보험, 화재보험, 자녀보험 등 부양가족을 위한 보험을 포함해서 8개 가까이 된다. 8개 모두 나에게는 꼭 필요한 보험이다. 본인 수입의 5~10% 범위 내에서 어떻게 보장을 받는 것이 적절할지 고민한 뒤 상품을 선택해야 한다. 앞에서 살펴본 것처럼 우리가 준비해야 할 자산들이 많기 때문이다. 보장에 치우쳐 무리하게 보험에 가입하다 보면 다른 자산을 만들 여력이 없어진다.

보험 계약은 고급 자동차보다 비싼 계약이다

매달 나가는 몇 만 원 또는 몇 십만 원의 보험료가 얼핏 보기에 부담이 없어 보여 본인에게 정말 필요한 보험인지 심사숙고하지 않고 가

입하는 사람이 많다. 지혜로운 사람들은 당장 지출되는 보험료뿐만 아니라 미래에 부담할 지급총액을 기준으로 계약 여부를 결정한다. 재정설계를 하다보면 가장 손쉽게 낭비를 줄일 수 있는 항목 중 하나가 보험이다. 사람들은 소비를 말할 때 현재 주머니에서 나가는 것만 생각한다.

당신은 보험 계약이 보통의 사람이 평생 할 수 있는 계약들(집 구입, 전세 계약, 자동차 구매계약 등) 중에서 아주 큰 계약이라는 사실을 아는가? 보험료는 짧게는 3년, 길게는 20년 혹은 종신토록 지불하는 계약이기 때문이다. 만일 당신이 30년 동안 월 20만 원을 납부하는 종신보험에 가입한다면, 7,200만 원짜리 계약에 서명하는 것이나 마찬가지다. 지인의 부탁으로 신중한 고려 없이 고급 세단을 구입하는 사람은 드물 것이다. 대다수 사람들은 고급 세단을 구입하기 전에 여러 회사의 세단을 비교도 해보고 직접 시승도 해보고, 현재 소득 수준으로 유지할 수 있는지도 생각해본 다음에 결정한다. 보험은 고급 세단보다 훨씬 비싼 계약이다. 한 달에 20만 원 보험이라고 착각하고 계약한다면 큰 오산이다.(우리는 보험을 너무 쉽게 생각하기 때문에 보험 해약률이 높다 할 수 있다.) 당신의 재정현황과 여건에 비추어 정말로 필요한 보험인지, 더 나은 보험가입 방법은 없는지 신중에 신중을 기해 보험을 선택하라. 당신의 수입에서 지출하는 위험보장 비용을 최소화시키며 최대의 보장을 받아 위험에 대비하는 것이 현명하다.

보험은 미래의 불확실함으로 발생할 수 있는 경제적 손실을 보상받을 수 있는 훌륭한 자산이다. 다만 당신의 상황에 맞고 당신의 목적을 달성시켜줄 것에 먼저 돈을 배분할 줄 아는 지혜를 발휘해야 한다. 만일 가입해놓은 보험이 없는 상태에서 불의의 사고를 당하면, 당신이 미래에 놓칠 소득을 보상 받을 길이 전혀 없고, 당신 가족은 절망에 빠질 것이다. 전문 설계사를 통해 자신과 가족의 현재 여건과 상황에 맞는 상품으로 제대로 구성하는 것이 현명하다.(보험은 인터넷이나 홈쇼핑보다 믿을 수 있는 사람을 통해 가입하는 것이 장기적으로 유리하다.)

보장자산은 해약환급금으로 평가하여 보장자산 주머니에 기재하는 것이 좋다. 대부분의 보장성보험에는 환급금이 있기 때문이다. 당신이 가입한 보험사에 직접 의뢰하거나 해당 보험사 홈페이지에서 현재 가입한 보험의 해약환급금을 확인할 수 있다.(보장 가능성에 따른 눈에 보이지 않는 무형의 자산 가치 평가는 보류한다.)

하나의 서류철에 보장자산 종류별로 보험증권을 정리하여 1년마다 각 보험내역이 현실적인 보장이 되는지를 점검하는 시간을 가져야 한다. 만일 보장이 현실적이지 않거나 중복되었다면 보험을 다시 구성할 필요가 있다.

인생은 예측대로 살아지지 않는다

우리 주변에는 주어진 상황을 낙관적으로 보는 사람들이 참 많다. 낙관론은 그 자체에 많은 에너지를 품고 있어 인생을 아름답게 살아가는 힘이 된다. 내게 낙관론과 비관론 중 하나를 선택하라고 하면 난 주저하지 않고 낙관론을 선택할 것이다. 누구나 인생의 긍정적인 결과를 소망하고 바라기 때문이다. 그러나 아무리 낙관론적인 시각을 갖고 있어도 우리의 소망과는 달리 인생에는 예기치 못했던 변수가 튀어나오게 마련이다. 우리가 기대했던 것과 어긋나는 상황에 처할 수도 있다. 어느 통신사의 광고처럼 인생이 우리의 생각대로 된다면 얼마나 좋겠는가. 돈이 필요한 시점에 준비해놓은 돈으로 인생의 대소사를 치를 수 있다면, 또 누구나 두려워하고 피하고 싶은 사고와 질병이 나와 내 가족에게는 일어나지 않는다면 얼마나 좋겠는가. 이처럼 '만일의 경우'는 당신의 소망과 기대처럼 매우 희박하겠지만 그렇다고 절대로 발생하지 않는다고 단정할 수도 없다.

우리의 현실은 교통사고, 다양한 재해, 중대질병으로 인한 부음 소식 등을 주변에서 자주 접하며 위험의 가능성과 늘 함께 살아가고 있다. "재수 없는 얘기하지 마라."라고 할지 모르겠다. 하지만 우리가 속해 있는 현실의 위험을 제대로 인식한다면 우리의 삶을 더 객관적으로 바라볼 수 있게 만들어 균형 잡힌 삶으로 이끌어줄 것이다. 계획대로 인생이 순탄하게 진행된다면 얼마나 좋겠는가. 하지만 눈에 보이지 않는 위험요소를 간과하다가 예기치 않은 비상사태에 직면하게 되면 그동안 자신이 얼마나 대책 없이 살아왔는지 그제야 비로소 알게 된다. 나는 당신에게 보이지 않는 위험을 경고하고 싶다. 눈에 보이는 재산에만 집착하며 살다 보면 보이지 않는 위험을 간과하기 쉽다. 다양한 위험 중에서 당신의 돈 관리 시스템에 막대한 영향을 끼칠 수 있는 위험요소에 대해서는 최소한의 비용을 지불해서라도 든든한 보장의 그물을 만들어야 할 것이다.

나는 해마다 연말이 되면 보험가입 내역(보장자산 주머니)을 점검하며 나와 내 가족에게 재정 형편상 가장 위험한 시나리오는 무엇일까를 생각한다. 아이들은 점점 커 가는데 내 수입이 끊긴다면 어떻게 될까? 지금까지 저축한 돈으로 앞으로 우리 가족이 남에게 손 벌리지 않고 행복하게 생활할 수 있을까? 혹시 집에 불이 나면 어떻게 될까? 차를 운전하고 가다가 졸음이 쏟아져 중앙선을 넘어가 반대편 차와 충돌해 사람이 크게 다치는 사고를 내면 어떻게 될까? 그러면 나는 어떤 불이익을 당할까? 마흔을 넘긴 이후에는 종합건강검진을 받을 때마다 걱정이다. 혹시 몸 속에 혹이 있진 않을까? 췌장암은 선고 받고 얼마 못 가 죽는다는데, 그럼 우리 가족은 어떻게 될까? 그런 일이 나에게 일어날까? 만일 일어난다면 어떻게 해야 할까? 또한 그럴 확률은 과연 몇 퍼센트일까? 그렇다면 나는 그에 대비하여 어떤 방안을 마련한 상태인가? 각각의 사항을 가정해보고 어떤 시나리오를 써야 하는지를 살펴보는 것이다.

1970년대 초반에 세계적인 정유회사 쉘shell 사가 오일 쇼크의 가능성을 염두에 두고 시나리오 경영을 펼쳤듯이 최악의 상황에 적합한 대응책을 마련해두기 위한 포석이다. 이미 문제가 발생한 이후에 대처한다면 감당하지 못할 곤경에 처할 수 있고 더 큰 기회손실을 볼 것이다. 쉘 사의 성공사례에서 볼 수 있듯이 가족이 겪을 수 있는 최악의 상황에 대비한 'Plan B'를 미리 준비해두는 것이 장기적인 이익을 극대화시켜 줄 수 있는 법이다.

돈이 없을수록 보험부터 가입하라

매서운 겨울비가 추적추적 내리는 이른 아침, 36세의 김씨는 여느 때와 같이 출근길에 나섰다. 그런데 약간 얼어 있던 노면에 자동차가 미끄러지며 중앙선을 넘어가 마주오던 차량으로 돌진했다. 다행히 본인은 경미한 부상을 입었지만 상대방 차량의 운전자가 사망하고 동승자 2명이 크게 다치는 사고를 내고 말았다. 이 사고로 인해 김씨는 벌금 2,000만 원과 피해자 유족에게 각각 2,000~4,000만 원이라는 합의금을 지급해야 했다.

사고를 수습하고 본인 몸도 어느 정도 회복되자 그의 머릿속은 온통 돈 걱정으로 가득 찼다. 당장 1억 원에 가까운 돈을 마련해야 되는데 그의 연봉보다 더 큰 돈을 마련하는 것은 쉽지 않은 일이었기 때문이다. 합의금이 마련되지 않으면 형사처분 경감이 어려워 회사에 계속 다니기 어려울지도 모른다. 자녀 양육자금과 집 마련을 위해 목돈을 마련해두었지만 그 돈으로도 해결하지 못할 처지가 되었다. 평소에 아등바등하며 0.5%라도 더 높은 이자를 받기 위해 발품을 팔고, 재테크 세미나에 꼬박꼬박 참석하던 그였지만 한순간에 목돈이 허무하게 없어지고, 오히려 은행 빚 2,000만 원이 늘어나는 처지가 된 것이다. 뒤늦게 매달 빠지는 돈이 아까워 보험에 가입하지 않았던 것이 후회될 뿐이다.

비단 이 극단적인 사례뿐만 아니라 호미로 막을 일을 가래로 막는 사람이 너무 많다. 만일의 사태가 발생했을 때 본인이 감당할 수 있는 리스크 범위를 벗어나 수습하기 어려운 상황에 보험이 필요하다. 한 달에 당신 수입의 5~8% 정도면 충분히 막을 수 있는 일을 연봉의 몇 배로 막아야 하는 사태가 발생할 수 있기 때문이다. 한마디로 소탐대실이다.

수입의 5%가 아까워서 보험에 가입하지 않는 사람이 상당히 많다. 이는 만일의 경우에 우리에게 닥칠 리스크가 얼마나 가혹한지 생각하지 않기 때문이다. 예상할 수 있는 위험에 대한 대응책을 미리 마련하는 것은 아무리 강조해도 지나치지 않다. 돈이 부족할수록 가장 기초적인 보험부터 가입해야 한다. 애초에 호미로 막을 일은 호미로 막아야 한다.

문제가 커지기 전에 적은 힘으로 사전에 조치하는 방법이 바로 보험이다. 그런데 수입의 20% 이상을 보장성보험료로 지출하는 사람이 종종 있다. 문제가 발생하기도 전에 지레 겁을 먹는 경우다. 수입에 비해 막대한 돈을 보험료로 지출하게 되면 은퇴자산이나 집자산, 투자자산 같은 여타의 재정적인 자산을 준비하기가 수월하지 않다. 보험은 내가 감당할 수 없는 위험에 대비하기 위한 목적이지 절대 저축이 아니라는 사실을 명심하라.

보험이란 각종 위험(사고나 질병, 사망, 배상책임 등)으로부터 발생할 수 있는 경제적 손실을 지켜주기 위한 안전장치이다. 즉, 사고가 발생하기 전, 후에도 생활의 변화가 크지 않게 해주는 것이 보험의 목적이다. 앞의 사례에서 김씨는 예기치 못한 사고로 열심히 모아두었던 목돈을 한번에 날리고 심지어 빚까지 지게 되었다. 만약 김씨가 그러한 위험에 대비하고자 월 3만 원 정도의 보험에 가입하고 있었다면 사고 발생 후에도 예전과 같은 재정상태를 유지할 수 있었을 것이다.

보험은 불의의 사고에 대한 금전적 보상을 해주기 때문에 마음의 안식을 줄 수 있는 보장기능을 한다. 경제적으로 본다면 어렵게 마련한 자산관리 시스템을 사고 발생 후에도 지속적으로 유지해줄 수 있는 재정 설계의 지킴이 역할을 한다는 사실을 다시 한 번 명심하기 바란다.

한 가정의 가장이 커다란 질병에 걸리거나 사망하게 되면 남겨진 가족은 병원비 조달로 인한 압박을 받음과 동시에 수입이 끊겨 한순간에 사회 극빈층으로 전락할 수 있다. 예상치도 못한 역경의 시간이 당신이 생각했던 것보다 더 오래 지속되면, 당신이 힘들게 모아둔 재산은 한 순간 사라져버린다. 또 당신이 사랑하는 가족은 예상치 못한 어려움에 직면하게 된다. 그렇기에 더더욱 보험을 고를 때에는 반드시 내 경제적 손실을 잘 보호해줄 수 있는지를 점검하고 수입이 중단되거나 손해액이 발생할 경우 처리 가능한 방안에 초점을 맞춰 신중하게 선택해야 한다.

보장의 정도, 살피고 또 살펴라

위험에 대비하기 위해 가입해야 하는 보험상품을 어떻게 선택할 것인가? 수많은 보험상품이 봇물처럼 쏟아지고 있다. 하지만 당신이 보장자산에 투자할 수 있는 돈은 수입의 5~8% 이내로 한정되어 있기에 신중하게 보장자산 주머니를 챙겨야 한다.

몇 천 개의 질병을 보장한다고 하지만 열거되지 않은 질병은 전혀 보장이 되지 않아 정작 병에 걸렸을 때 쓸모없는 보험이 돼버리거나 중복보상이 되지 않는 상품*에 이중으로 가입하는 우를 범하는 경우도 있다. 완전히 돈을 던져버리는 꼴이다. 자신과 가족의 보장을 위해 열심히 번 돈을 지불하면서 보장의 혜택을 보지 못하니 말이다. 그리고 많은 사람들이 보장을 받기 위해 보험에 가입하면서도 만기에 환급금이 많은 상품에 우선 가입하는 경우가 있는

● 보험의 보상방식은 손해보험회사의 실손보상방식과 생명보험회사의 정액보상 방식이 있다. 실손보상 상품의 경우 동일한 상품에 2개를 가입하면 실제 발생한 손실을 중복해서 보상 받을 수 없다. 이 때에는 실제 발생한 의료비(또는 손실)를 두 보험사가 균등하게 나누어 보험금을 지급하게 되어 있다. 그러나 정액보상 방식은 여러 보험사에 가입한 보험금을 중복해서 지급 받을 수 있는 점이 장점이다.

데 이는 그리 적절하지 않은 선택이 될 여지가 많다. 보험료는 동일한데 환급금이 높다는 것은 그만큼 보장의 수준이 낮다는 의미로 해석할 수 있기 때문이다.

세상에 공짜는 없다. 나는 동일한 보장을 해준다면 환급금이 없는 보험을 우선으로 선택한다. 그만큼 보험료가 저렴해지기 때문이다. 위험보장에 대한 대가는 철저한 보장비용으로 인식하는 것이 현명하다. 절대 환급금에 얽매일 필요가 없다. 아낀 보험료로 당신이 할 수 있는 일은 많다.

보험 가입 1순위
실손형 의료보험

    민영의료보험은 병원에서 진료를 받을 때 발생하는 의료비를 보장해주는 상품이다. 당신이 평생 먹고살 수 있는 돈을 가진 부자가 아니라면 당신의 첫 번째 보험으로 실손형 의료보험을 강력히 추천한다. 당신이 아직 젊다면 '내가 평생 병원에 갈 일이 얼마나 있겠어?'라고 생각할지 모르겠지만, 우리나라 사람들의 평균적인 의료 실태를 보면 생각보다 훨씬 많이 병원을 방문한다는 사실과 의료비 지출액이 만만치 않다는 것을 알게 된다.

    소액의 치료비가 드는 질병이나 상해사고라면 당신의 재정상태에 별로 영향을 미치지 못하지만 고액이 들어가는 질병에 걸리거나 사고가 발생하면, 자산관리 시스템을 심각하게 위협할 수 있다. 이 때 꼭 필요한 보험이 바로 실손형 의료보험이다. 본인이 부담한 병원비를 보험으로 돌려받을 수 있기 때문이다. 최근 실손형 의료보험이 보장하는 범위가 최소 3,000만 원이니 현재 상태에서 실손형 민영의료보험에 가입하면 의료비 부담은 덜 수 있다.

실손형 의료보험에서 병원비를 돌려받는 경우는 크게 두 가지다. 첫 번째는 병원에 입원하여 치료를 받은 후 '입원 의료비'를 받는 경우이다. 질병이든 상해사고든 상관없이 병원에 입원했을 때 발생하는 비용을 보험금으로 받을 수 있다. 통상 하나의 질병이나 사고가 발생할 경우 입원일로부터 180~365일 내에 발생된 모든 의료비용을 가입금액 한도 내에서 보상받을 수 있다. 각 보험사에서 채택하고 있는 가입금액은 하나의 질병이나 사고에 대하여 보상해주는 한도이다. 또한 한 번 보험금이 지급되었다고 가입금액이 줄어드는 것은 아니다. 보험기간이 끝날 때까지 개별적인 사고에 대하여 각각 가입금액 한도 내에서 반복적으로 치료비용을 보장하므로 의료비로 생기는 재정 손실의 위험 부분은 효율적으로 관리할 수 있다.

두 번째는 병원에서 통원치료 후에 '통원 의료비'를 받는 경우다. 입원했을 경우와 마찬가지로 질병이나 상해사고의 원인을 따지지는 않는다. 다만, 통원치료를 받을 경우에는 치료 받은 의료 기관에 따라 일정 금액을 공제한 후 보험금이 지급되는 구조이다. 사고 발생 시 통원 의료비를 무기한으로 보상하는 것은 아니다. 대부분의 보험상품들은 한 번의 사고로 인해 실제 병원에 방문하여 치료 받은 통원일 수를 30일 이내로 한정하고 있다.

간혹 통원 의료비가 소액이고 영수증 챙기는 것이 귀찮아 큰 도움이 안 된다고 생각하는 사람들이 있다. 하지만 연말정산을 받기 위해 모든 의료비 영수증을 꼬박꼬박 모아두었던 기억이 있을 것이다. 통원 의료비도 마찬가지이다. 보험금 청구 소멸시효가 2년이므로 매년 병원비 영수증을 차곡차곡 모아놓았다가 연말에 청구하면 생각보다 큰 금액을 보험금으로 지급받을 수 있어 매우 요긴하다.

최근 실손형 의료보험상품●이 보장하는 범위가 입원 의료비는 최소 3,000만 원, 통원 의료비는 10만 원이니 현재 상태에서 실손형 민영의료보험에 가입하면 앞으로 발생할 의료비 걱정은 상당부분 덜 수 있다. 다만, 보험사나 가입시기에 따라 상품의 가입한도와 적용방법이 다르기 때문에 하나의 질병이나 사고에 대한 보장한도의 적용방법 등이 나와 있는 약관을 꼼꼼히 살피고 물어 판단하는 것이 가장 중요하다. 다시 한 번 말하지

● 참고로 2009년 8월 1일자로 이러한 실손형 의료보험이 개정되었다. 주요 골자는 200만 원 이하의 입원 의료비가 발생할 경우는 본인이 10%를 부담하고 통원 의료비에서 본인이 부담하는 자기부담금액을 좀더 높였다. 기존에는 보통 5천 원만 공제를 하였으나 이제는 의원 1만 원, 병원 1만 5천 원, 종합병원 2만 원, 처방이나 조제시는 8천 원을 본인이 부담해야 한다. 보상한도가 줄고 본인 부담금이 커졌으니 상품이 나빠진 것으로 생각할 수 있지만, 이는 소비자 입장에서 오히려 더욱 유리한 개정안이다. 정말 고액의 병원비로 재정 파탄을 유발하는 질병은 전액 보장이 되면서 비교적 본인이 감당할 만한 200만 원 이하의 경우에서만 90%를 보장하고 통원 의료비의 자기 부담금을 높임으로서 오히려 전체적인 보험료가 크게 인하되는 효과가 있기 때문이다.

만 "3,000~5,000만 원을 보장해주니까 충분하겠지!"라는 단순한 생각보다는 구체적으로 하나의 질병, 가령 당뇨병에 걸렸을 때 6개월 동안 2,000만 원, 그 후 6개월 동안 동일 질병에 대해 2,000만 원의 치료비가 발생했을 때 보험사는 내게 어떤 보장을 해줄 수 있을지를 시나리오식으로 검토해보라. 혼자서 약관이나 보험증서 등을 해석하기는 매우 어

려운 일이다. 반드시 전문설계사의 도움을 받아 차근차근 보장의 내역을 점검하시길 바란다. 보험은 매우 중요하지만 일반 사람들이 이해하기 어려운 금융상품이기 때문에 믿을 수 있는 전문설계사의 역할이 매우 중요하다. 믿을 수 있는 설계사를 선택하는 것이 효율적인 보험가입의 절반이라 할 수 있다. 생명보험사, 손해보험사에서 2~3명 정도의 전문설계사로부터 다양한 의견을 취합하고 궁금한 점은 물어 가입하기 바란다.

실손형 의료보험, 여러 개 가입할 필요없다

급속한 고령화와 평균수명 증가를 고려한다면 노년층에 발생하는 의료비 문제는 누구에게나 커다란 부담으로 다가온다. 따라서 의료비를 보장하는 실손형 의료보험을 선택할 때에는 가능한 한 100세까지 보장이 확보된 상품을 선택하는 것이 좋다. 70대 이후에 집중적으로 의료비가 발생하기 때문에 더욱 그렇다. 이와 더불어 신치료 기술 개발, 의료수가의 지속적 상승, 물가상승으로 인한 병원비가 오를 것을 대비한다면 미래 물가상승까지 감안한 보장한도를 고려할 필요가 있다.

그럼, 이러한 실손형 의료보험 상품에 가입할 경우 실제로 얼마만큼의 병원비를 보험금으로 지급받게 될까? 최근 중년 여성들이 자주 걸리는 하지정맥류라는 질병을 통해 살펴보기로 하자. 하지정맥류로 인하여 병원 치료를 받아 총 297만 6,966원의 진료비가 발생했다고 하자. 총 진료비가 발생하면 이를 크게 급여와 비급여로 나눈다. 급여는 국민건강보험의 적용을 받아 일부 금액을 공단으로부터 보조받을 수 있는 부분이고, 비급여는 국민건강보험의 적용을 받지 못하여 모든 금액을 본인이 부담해야 하는 부분이다.

총 297만 6,966원의 진료비 중에서 급여 부분의 환자 본인부담금 6,742원과 비급여 부분의 294만 3,258원을 합한 295만 원을 본인이 직접 진료비로 납부해야 한다. 그런데 실손형 의료보험에 가입하게 되면 이러한 진료비용 295만 원을 보험금으로 지급받는 것이다. 이 정도의 비용이라면 비교적 소액이라 본인이 충분히 감당할 수 있을 것이라 생각할 수 있다. 하지만 만약 본인 부담액이 4,000만 원 정도가 소요되는 신장이식 수술을 했다고 가정하면 부담스러운 액수다.

이처럼 과도한 의료비가 발생한다면 부득이하게 기존 저축이나 투자했던 상품을 해지하거나 각종 대출을 받을 수밖에 없을 것이다. 실손형 의료보험은 여러 사람들이 돈을 내서 위험을 보장받을 수 있는 공공부조 성격의 대표적인 상품이다. 실손형 의료보험 가입을 통하여 실제 발생한 의료비 전액을 보상받을 수 있다. 또한 적절한 진단비 관련 특약을 가입했다면 실제 치료비 외에 각종 진단금을 정액으로 보상받아 당신이 치료기간 동안 일하지 못해 발생한 소득상실이나 부대비용에 대한 보상까지도 받을 수 있다.

최근에는 실손보험을 손해보험사뿐만 아니라 생명보험사에서도 판매하고 있다. 단, 실손형 의료보험은 여러 개 가입한다고 유리한 것이 아니다. 손해보험은 발생한 손실을 중복 가입된 보험사가 균등하게 나누어 손실을 보전해주기 때문에(이를 '비례보상'이라 함.) 일반적으로 보상받는 금액은 실제 발생한 비용과 동일하다. 따라서 실손형 의료보험은 적정한 보장 내역 범위 내에서 하나만 가입하고 정액으로 중복보상이 가능한 상품으로 추가적인 대책을 세우는 것도 현명한 방법이다.

실손형 의료보험의 경우, 모든 질병이나 사고에 대하여 충분히 보장해주는지, 또 소득 범위 내에서 보험료를 지불할 수 있는지 검토한 후하나만 가입하기 바란다. 추가적으로 고액의 치료비가 들어가는 질병이나 사고에 대한 대비를 하고 싶다면 정액으로 중복보상이 가능한 상품에 가입하거나 진단비 관련 특약에 가입하는 것이 현명하다.

치명적인 질병에 대비한 보험
3대 질병보험

실손형 민영의료보험에 가입했다면, 이제 고액의 치료비가 들어가는 질병에 대하여 점검해보자. 대표적인 질병이 암, 뇌졸중, 급성 심근경색이라 할 수 있다. 한국인의 사망원인을 분석해보면 전체 사망자 중 절반이 3대 질병으로 인하여 사망한다고 하니 발생 가능성이 매우 높은 질병이다.

이러한 질병은 생명에도 치명적이지만, 한 가정의 재정상태에도 치명적인 영향을 준다. 치료를 위해 각종 새로운 치료기술과 신약을 투여하고 국민건강보험의 적용이 안 되는 고가의 장비를 사용함으로써 엄청난 의료비용이 발생할 뿐만 아니라, 소득 상실을 야기하고, 치료기간이 장기화되면 감당할 수 없는 의료비용으로 파산에 이를 수도 있다. 미국의 경우, 전체 개인 파산자의 절반이 고액 의료비용 때문이라고 한다.

따라서 이러한 치명적인 질병에 대해서는 만반의 준비가 필요하다. 특히 가족 중 3대 질병의 병력이 있는 경우에는 특히 신경을 써야 한다. 이런 치명적인 질병을 집중 보장하는 상품 중에서 보통 알려진 것이 바로 'CI 보험'이다. CI란 말 그대로 'Critical Illness', 즉 치명적인 질병을 보장하는 상품이다. 특히 생명보험 쪽에서 CI 관련 보험을 많이 판매하고 있는데, 독자적인 CI보험으로 판매하거나 아니면 종신보험이나 정기보험 등에 CI특약을 붙여서 판매하는 형태가 일반적이다.

3대 질병 보험은 종류가 워낙 많다 보니 암보험, CI보험, 종신보험특약 등 중복가입하는 것이 가장 많은 보험 중 하나다. 물론 생명보험에 해당한다면 중복보상을 받을 수 있지만 3대 질병 보험은 일반 보험상품과 달리 질병이 발병하면 보험금이 바로 지급되지 않고, 발병 후 여러 조건이 충족되어야 하기 때문에 보험금을 지급받는 것이 약간 불명확하다는 것이 단점이다. 왜냐하면 그 조건들은 거의 1급 장해가 되어야만 보험금이 지급될 수 있을 정도로 까다로운 경우가 많기 때문이다. 그래서 민원이 많이 발생하는 상품이 바로 CI보험이기도 하다. CI보험에서 보장하는 대표적인 질병인 급성 심근경색의 보험금 지급 조건을 살펴보자.

> 급성 심근경색증은 관상동맥이 막혀 심근으로 혈액공급이 감소되고, 가슴통증이 있고, 심근조직의 괴사가 일어나야 하며, 심전도 변화의 새로운 출현과 심근효소가 새롭게 상승해야 하며, 모든 협심증과 효소검사, 심전도검사, 초음파검사, MRI만에 의해 진단한 급성 심근경색증 진단은 보장에서 제외함.

3대 질병과 유사질병 발병 시 보험금을 지급받기가 쉽지 않은 데다가 보험료가 저렴하지 않은 상품 중 하나가 CI보험이다. 그렇다면 어떻게 하는 것이 좋을까? 3대 질병에 대한 특별한 가족력이 없다면 실손형 의료보험 상품 중 중요한 질병에 대한 특약을 보완하는 형태를 권한다. 보험료 측면이나 보험금을 지급받는 측면에서 CI보험 가입보다는 좀더 유리할 것이다. 즉, 실손형 의료보험에 암, 뇌졸중, 급성 심근경색 진단비 등을 추가로 가입하는 것이다. 실손형 의료보험의 진단비는 해당병명으로 확진만 되면 즉시 보험금이 지급되는 구조이기 때문에 치명적 질병으로 인한 경제적 손실을 최소한으로 줄일 수 있는 것이 장점이다.

실손형 의료보험 가입 후 암에 걸릴 경우 지급되는 보험금을 알아보자. 일단, 암 치료로 인한 실제 발생한 병원 치료비는 입원 의료비 항목에서 가입한도까지 실제 지출한 비용을 보상받을 수 있고, 입원으로 인한 경제적 손실이나 간병에 필요한 비용 등은 암 진단비에서 지급받는 보험금으로 보상받을 수 있다. 편리한 보험금 지급과 실제 치료비와 보상의 이중 안전장치라는 이유로 CI보험 가입보다는 실손형 의료보험과 질병 관련 진단비를 추가 가입하는 것이 더 경제적이다. 물론 가족력이 있을 경우에는 CI보험 중에서 경쟁력이 있는 상품을 골라 가입하는 것도 좋다. 다만, 당신의 소득 사정을 고려하여 우선순위를 정해놓는 것이 중요하다.

남겨진 가족을 위한 선물
사망보험

　　최우선 순위의 실손형 의료보험 가입과 고액 치료비에 대한 준비를 마쳤다면, 다음은 어떠한 보험상품에 가입해야 할까? 가장이 갑자기 사망한다면 그 부양가족의 생활은 어떻게 될까? 우리는 가장이 사망하면서 한순간에 가정이 경제적 최빈곤층으로 떨어지는 경우를 TV나 각종 지면을 통하여 어렵지 않게 접할 수 있다. 이처럼 남겨진 가족을 위한 최소한의 안전장치가 바로 '사망보험'이다.

　　나는 다양한 고객들의 재무상담을 하면서 종신보험이 우리나라에서는 매우 보편적인 상품이라는 것을 발견했다. 종신보험은 대표적으로 사망보험금을 수령할 수 있는 상품이다. 사망보장을 위한 보험상품으로는 종신보험 이외에도 정기보험이 있다. 사망보험금을 수령할 수 있는 보험은 지금까지 많은 유가족을 지켜주었다. 보장의 필요성만 두고 본다면 사망보험금은 자녀의 교육자금, 결혼자금, 배우자의 은퇴자금, 대출금 등과 비교해 상당히 큰 금액이 들어간다. 그런데 문제는 사망보험은 다른 어떤 보험보다 보험료가 비싸다는 점이다. 충분한 사망보장도 좋지만 수입에 비해 지나치게 많은 보험료를 내야 한다면 꼭 준비해야 할 은퇴자산이나 투자자산을 마련하는 데 오히려 걸림돌이 될 수 있다. 따라서 최소한의 비용으로 사망보험금을 마련하는 것이 중요하다.

종신보험과 정기보험

사망 위험을 보장하는 대표적 보험상품인 종신보험whole life insurance과 정기보험term insurance을 살펴보자. 두 보험의 차이점을 간단히 설명하면, 종신보험은 언제 사망하든 관계없이 별도의 기한 약정 없이 사망하기만 하면 보험금을 지급하는 상품이고, 정기보험은 말 그대로 정해진 기간 내에 사망한 경우에만 보험금을 지급하는 상품이다.

수입이 빡빡한 상태에서 여러 재정 선택을 해야 하는 가정을 중심으로 종신보험과 정기보험을 비교해보자. 수입이 여유롭다면 아래의 비교설명을 참고만 하면 된다.

나는 사망 보험금이 결정적으로 필요한 경우는 예상보다 빨리 사망했을 때라고 생각한다. 한창 자녀가 성장하여 뒷바라지를 해줘야 할 시점에 가장이 사망하는 불상사에 대비하는 것이 사망보험의 목적이다. 자녀가 독립할 나이가 이미 넘었다면 사망보험금의 역할은 어린 자녀를 두었을 때에 비해 그리 크지 않다. 결국 사망보험에 대한 필요는 가정을 꾸리고 자녀가 커가는 기간이다.

그렇다면 경제적인 관점에서 종신보험과 정기보험, 두 상품 중 어떤 상품에 가입하는 게 유리한지 살펴보자. 평준보험료 계산방식의 종신보험료는 가장이 죽을 때까지 보장해야 할 대가가 보험료에 포함되어 있으므로 젊은 사람이 가입하기에는 비싼 보험료라 할 수 있다. 현실적으로 우리나라 40대 가장들은 2000년 초반부터 밀어닥친 종신보험 열풍으로 종신보험에 가입한 사람들이 굉장히 많은데 엄밀한 의미에서 종신보험은 효과성(100% 보험금을 받을 수 있다는 점)에서는 점수를 후하게 주고 싶지만, 효율성(보험료 대비 보험금)에서는 저축 여력이 풍부하지 않은 사람들이 선택할 때에 기회비용이 너무 큰 상품이다.

실제 35세 남자를 기준으로 했을 경우 종신보험과 정기보험의 납입 보험료는 다음과 같다.

구분	보장기간	사망보험금	보험료	종신보험과의 차액
종신보험	평생	1억 원	17만 7,000원	–
정기보험	60세	1억 원	4만 원	13만 7,000원

※ 동일 생명보험사의 종신보험과 정기보험의 월 납입 보험료와 납입기간 25년

위의 표처럼 종신보험과 정기보험의 대략적인 보험료는 적게는 3배, 많게는 무려 4배 이상 종신보험의 보험료가 많다. 만일 종신보험과 정기보험의 보험료 차이금액인 13만 7,000원을 60세까지 별도의 투자상품에 적립한다면 다음과 같은 목돈을 만들 수 있다.

월 투자 금액	투자 기간	이율	60세 시점 목돈의 크기
13만 7,000원	25년	5%	8,158만 4,830원
		10%	1억 8,177만 6,176원
		15%	4억 4,436만 3,557원

위의 표에 따르면 60세까지는 종신보험이나 정기보험 모두 1억 원의 사망보험금을 보장을 받으면서 61세 이후에는 종신보험은 은퇴자산으로 활용할 수 있는 재원은 전혀 없다. 하지만 정기보험에서는 차액의 운용수익률에 따라 8,100만 원에서 4억 원까지 은퇴자산을 만들 수 있다. 따라서 사망위험은 철저하게 만기 환급금이 전혀 없지만 보험료가 저렴한 순수 보장성 보험인 정기보험으로 대비하고, 종신보험과의 차액만큼을 매월 투자형 상품에 투자하는 것이 합리적이다. 더욱이 60세가 훨씬 넘어 사망한다면 1억 원의 가치는 물가상승만큼 폭락하여 보험의 기능을 제대로 수행하지 못할지도 모른다.

종종 종신보험을 해약하여 해약환급금을 연금으로 전환하여 은퇴 생활을 할 수도 있다고 말하는 사람도 있다. 그러나 20~30년간 진행되는 물가상승을 감안한다면 그런 말은 비현실적이다. 지금 1억 원은 물가상승률 4%를 가정한다면, 30년 후에는 현재물가로 약 3,083만 원(3분의 1 토막)이 되고, 40년 후에는 약 2,082만 원(5분의 1 토막)밖에 되지 않기 때문이다. 따라서 사망보장은 만기환급금이 없는 순수 보장성보험인 정기보험으로 하고, 투자는 물가상승을 초과해서 수익을 얻을 수 있는 연금 또는 펀드로 준비하는 것이 정석이다. 오히려 그 차액만큼 보장금액을 올리거나 은퇴자산, 투자자산을 만드는 데 활용하는 것이 더 지혜로운 선택이다.

종신보험 해약하고 정기보험으로 갈아타는 문제

처음 사망보험에 가입하는 사람이라면 위의 지침에 따르면 된다. 하지만 이미 종신보험에 가입되어 상당히 많은 액수의 보험료를 지불한 사람이라면 어떻게 해야 할까? 즉시 종신보험을 해약하고 정기보험으로 갈아타야 할까? 이는 쉽게 결정할 수 있는 문제가 아니다.

일반적으로 보험상품은 사업비(설계사의 수당, 보험회사의 업무에 수반되는 비용 등으로 쓰이는 부분)가 높은 상품이기에 장기간 불입한 상품을 해약할 경우에는 다시 새로 가입하는 상품에서 또다시 사업비용을 추가로 부담해야 하기 때문이다. 또한 기존 가입한 종신보험에 암진단비와 같은 특별약관이 첨부되어 있는 경우에는 보험사에서 보상을 하지 않는 면책기간이 새로운 상품 가입과 동시에 다시 시작하기 때문에 실제 사고발생 시 불이익을 당할 수 있다.(암보험의 면책기간은 통상 90일 내지 1년에서 2년간 운용.) 또한 아주 오래 전에 가입한 종신보험의 해약환급금은 매우 높은 고금리로 운용되는 경우도 있기 때문에 해약은 철저히 이해득실을 따진 후 결정해야 한다.

그리고 최근 판매하는 종신보험의 경우 단지 위험보장이라는 전통적인 보험상품에서 탈피하여 더욱 다양한 기능을 추가하고 있다. 바로 변액 기능을 통한 투자와 유니버셜 기능을 통한 목적자금을 활용하는 측면이다. 보험 기간이 긴 만큼 충분한 복리효과를 누릴 수 있는 최적의 금융상품이 바로 보험인데, 보험의 보장기능에 투자기능을 결합시켜 개인의 전 재무 목표를 달성하도록 상품을 구성할 수 있다. 사망보험을 기본으로 하고 각종 특약을 통해 병원비의 정액보상, 그리고 변액과 유니버설 기능이 있어 납입된 보험료 중 보험기간 중간에 필요한 자금(자녀교육자금, 결혼자금 등)을 일부분을 찾아 쓸 수 있는 편리한 기능이 있다.

그럼에도 불구하고 매월 납입되는 큰 액수의 보험료로 인하여 현금흐름에 문제가 생기거나 별도의 자산을 마련하는 데 투자하지 못할 경우에는 어떻게 해야 할까? 이 경우에는 기존에 가입한 종신보험을 해약하지 않고 현재 납입하고 있는 보험료를 절감할 수 있는 방법이 있다. 바로 연장정기보험이나 감액완납보험을 활용하는 것이다. 더 이상 보험료를 납입하지 않는 상태에서 자신이 원하는 사망보험금의 크기나 보장기간을 선택할 수 있는 방법이다.

연장정기보험이란 기존에 가입한 사망보험금액은 똑같이 보장해주나 보험금을 지급하는 기간이 종신에서 일정기간으로 줄어든다. 결국 종신보험을 정기보험으로 전환하는 셈이다. 여기서 보장기간은 그동안 적립된 보험료의 해약환급금의 크기에 따라서 결정된다. 이 경우 조심해야 할 사항은 기존 종신보험에 추가되어 있던 각종 특약은 소멸된다는 점이다. 특약가입을 검토한 후 결정하면 된다.

감액완납보험은 종신토록 사망보험금을 지급하는 방식은 동일하다. 다만, 바뀌는 것은 사망보험금액이 기존 금액에서 일정 부분 작아지는 것이다. 그동안 적립된 보험료를 가지고 사망보장의 크기가 작은 종신보험을 가입했다고 이해하면 될 것이다. 이 경우 기존에 가입되어 있던 특약의 유지 여부는 회사마다 다르므로 계약을 변경하기 전에 반드시 확인해야 한다.

본인의 제반 여건을 적절하게 고려하여 사망보험금이 일정 기간 꼭 필요하다면 연장정기보험을, 사망보험금을 줄이더라도 종신토록 보장을 받고 싶을 경우는 감액완납보험을 활용하는 것을 검토해보기 바란다.

가족을 지켜주는 보험

　　지금까지 한 사람, 어떻게 보면 가장이 우선적으로 가입해야 하는 보장자산에 대하여 살펴보았다. 가장의 위험에 대한 준비를 철저히 해 놓았다 하더라도 다른 가족에 대한 섬세한 준비 또한 필요하다. 이제, 자녀들을 위한 보험 중 어린이보험에 대해 살펴보자.

　　어린이보험이란 자녀의 성장과정에서 발생할 수 있는 질병이나 상해사고 위험에 대비한 보험으로 기본적인 구조는 성인보험과 동일한 구조를 가지고 있다. 자녀에게 꼭 필요한 위험만을 보장하기 때문에 일반적으로 보험료는 저렴하면서 보장 항목이 매우 넓은 것이 특징이다.

　　어린이보험과 관련하여 범하기 쉬운 실수는 어린이보험을 교육자금 마련용 상품으로 인식하는 것이다. 즉, 저축의 기능이 강한 저축성 보험에 자녀 관련 위험보장을 몇 가지 추가한 정액형 상품으로 어린이보험에 가입하는 경우가 종종 있다. 이런 경우 자녀한테 꼭 필요한 위험에 대한 준비보다는 만기환급금 내지 환급율에 더 큰 관심을 갖고 상품을 선택하는 우를 범한다. 다시 한 번 말하지만 저축은 저축이고 보장은 보장이다. 저축기능이 강한 정액형 상품보다는 다음과 같은 순서로 자녀의 보장자산을 준비하는 보험상품에 가입할 것을 권한다.

● 실제 병원비를 보상하는 실손형 의료보험
생명보험의 정액형 상품보다는 손해보험 의료비 중심의 보험이다.

● 고가 의료비가 들어가는 질병에 대해서는 별도의 준비를 할 것
암이나 백혈병처럼 고액의 치료비를 대비해 암 진단비, 조혈모세포 이식수술비와 같은 진단비 특약이 있는지 확인한다.

● 소소한 비용 또한 보장을 받을 수 있는지 점검
입원을 하게 되면 첫날부터 보상이 되는지, 골절이나 화상 시 치료비 외 진단비가 보상이 되는지 확인한다.

이처럼 어린이보험은 자녀에게 발생하는 의료비 중심으로 상품을 가입해야 하는데, 반드시 점검해야 할 항목이 있다. 바로 '자녀배상책임'이라는 담보다. 배상책임이란 우연한 사고로 인해서 제3자에게 인적, 물적 피해를 끼쳤을 경우 해당 손해액을 보상해주는 담보이다.

예를 들어, 이제 막 자전거를 배우던 아이가 실수로 넘어지면서 아

파트 단지 내에 주차되어 있던 고급 승용차의 문짝에 스크래치를 냈다고 가정해보자. 아이를 키우다 보면 엉겁결에 몇 백만 원의 비용이 들어가는 이러한 사고를 자주 접할 수 있다. 자녀배상책임보험이란 이러한 경우, 내가 부담하는 인적, 물적 사고의 피해금액을 보험으로 처리할 수 있는 상품을 말한다. 따라서 어린이보험은 의료비용에 대한 준비와 함께 이러한 법률적 배상책임액까지 보상해주는 상품으로 가입하는 것이 좋다.

자동차보험에서 놓치기 쉬운 위험

자녀까지 가족에 대한 준비를 끝냈다 하더라도 불의의 사고로 뜻하지 않은 자금이 들어가는 경우가 있다. 바로 자동차 때문이다. 통상 20대 중후반에 직장생활을 시작하면, 주택구입보다도 자동차를 먼저 구입한다. 자동차 운행에는 필연적으로 사고의 위험이 수반되고 그 피해의 정도 또한 매우 크다. 이러한 위험을 방지하고자 정부에서는 자동차손해배상보장법을 제정하여 자동차 사고 시 가해자의 책임 범위를 더욱 확대하고 가해자의 배상능력을 확보하기 위하여 의무적으로 자동차보험에 가입해야 자동차를 운행할 수 있도록 하였다.

그런데 자동차보험만 가입하면 모든 사고에 대한 보상을 받는다고 인식하기 때문에 운전자가 놓치는 위험이 매우 많다. 자동차보험에 가입하면 민사상의 책임만을 보상하는 것인데도 형사상, 행정상의 책임을 모두 보장받을 수 있다고 착각하는 것이다.

운전 도중 사고가 발생하면, 크게 3가지 책임이 발생한다.

첫째, 민사상 책임으로 사고가 났을 경우, 피해자에 대한 금전적, 정신적 피해에 대한 손해배상책임으로써 이는 자동차보험에서 보상이 가능한 항목이다.

둘째, 형사상 책임이다. 만약, 사망사고 또는 10대 중과실로 인하여 사고가 발생한다면 이러한 사고는 민사적 합의와는 별도의 형사적 책임 (벌금, 금고, 징역, 형사합의 등)이 발생한다.

셋째, 행정상 책임이다. 도로교통법 등을 위반한 행위에 대하여 지게 되는 책임으로, 범칙금, 운전면허 취소, 정지처분과 자동차 사용정지처분 등의 처벌을 받게 된다.

자동차보험은 남을 위한 보험이다. 운전하는 사람은 '나를 위해 꼭 가입해야 하는 보험'이 따로 있다는 사실을 기억하라. 바로 '운전자보험'이다. 운전자보험은 기본적으로 본인 사망과 치료비를 보상해주는 보장내용으로 구성되어 있으며 자동차보험에서 보상하지 않은 부분까지도 보장을 받으려면 반드시 가입해야 하는 담보, 즉 형사합의 지원금을 포함시키는 것이 좋다. 타인을 사망케 하거나 중대한 상해를 끼쳤을 경우, 형사적 처벌을 경감하기 위하여 반드시 형사합의가 필요하다. 통상 자동차보험에서 경제활동을 하고 있는 사람의 통상적인 사망 합의금은 4,500만 원 정도인데, 이것은 민사상에서 일반적으로 합의하는 금액이므로 최소한 이 금액 이상의 형사합의 자금을 별도로 마련할 필요가 있다. 있어서는 안 되는 일이지만, 아래와 같은 사고가 났다고 가정해보자.

나의 과실로 인하여 마주오던 승합차와 충돌하여 승합차에 타고 있던 5명의 성인 남자가 모두 사망하였습니다. 그런데 피해자 유족측은 자동차보험의 민사 합의와는 별도는 각각 4,000천만 원의 형사합의를 볼 것을 요구하고 있습니다. 나는 당장 2억 원이라는 자금이 없다면 형사적 처벌(징역)을 면할 수 없는 상황에 몰린 것입니다.

이 때 운전자보험의 형사합의 지원금 5,000만 원에 가입되어 있다면(형사합의 지원금은 피해자 1인당 가입금액을 전액 지급하는 전액보상 방식임), 피해자 1인당 5,000만 원 한도 내에서 보험금이 지급되는 것이기 때문에 5명의 유가족과 전원 원만하게 합의를 볼 수 있어서 형사적 처벌을 경감할 수 있게 되는 것이다. 한 가정의 경제적 주체가 엄청난 비용을 갚기 위해 빚을 내거나 목돈을 깨지 않고 처리할 수 있게끔 해주고, 또 형사적 책임을 수행하기 위하여 경제활동이 중단되는 일을 막아주는 꼭 필요한 보장 내역이 바로 '형사합의 지원금'이다. 운전자보험에서 무엇보다도 중요하게 점검할 부분은 바로, 사망 시 형사합의 지원금을 담보에 포함할 것을 권장한다. 기타 운전자보험에서 가입하면 유용한 특약들로는 소송이 발생할 경우 소송비용을 지급하는 방어비용 담보, 면허정지, 취소 위로금 등이 있다.

지금까지 살펴본 보장자산은 나의 소중한 자산을 지켜주고, 경제활동을 못하게 될 경우 보상을 받을 수 있는 인생에 꼭 필요한 안전장치이다. 어떻게 보면 눈에 보이는 자산은 아니지만 투자자산과 은퇴자산을 만들기 위해 주춧돌 역할을 하는 것이 바로 보장자산이다. 이처럼 중요한 역할을 하는 보장자산은 나와 내 가족에게 적합한지 살피고 그에 따라 보험료 대비 보장이 적절하게 어우러질 수 있도록 보장자산 주머니를 마련하면 된다. 지금 당장 현재 당신이 가입한 모든 보장성 보험내역을 하나의 서류함에 모아라. 당신의 보장자산 주머니를 만드는 것이다. 보험증서, 계약서, 약관 등을 모아서 하나의 파일 박스 안에 모으고 보험 진문가와 상담하여 내가 놓치고 있는 위험요소는 없는지, 특정 질병에 중복가입되어 새는 보험료는 없는지, 과도한 보험료 때문에 다른 자산 관리에 영향을 미치지는 않는지 철저히 점검하라. 꼭 필요한 보장자산 주머니를 갖고 있다면 당신 삶의 근간이 더욱 튼튼해질 것이다.

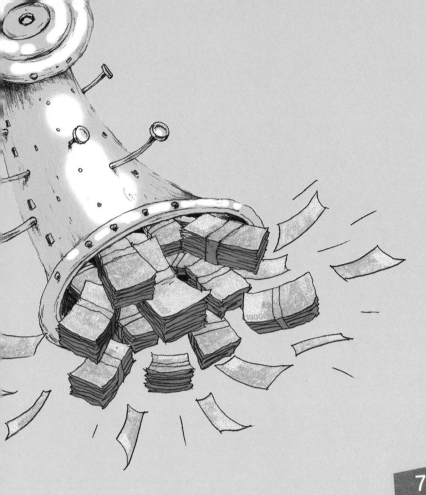

7장

투자자산으로
경제적 자유를 성취하라

인간은 스스로의 선택에 의해
자신의 모습을 만들어간다.

— 사르트르

경제적 안정을 넘어 더 여유롭고 아름다운 정상에 서고자 한다면 투자자산 주머니가
필요하다. 단, 투자자산은 빚을 제외한 상황에서 만드는 것이다. 원칙이 없는 사람에
게 투자의 세계는 훨씬 거칠고 가혹하다. 인내와 용기, 배짱으로 마음을 단단히 채웠
다면, 경제적 자유를 쟁취하기 위해 한 걸음 나아가보자. 원인 없는 결과는 없듯이 내
가 만들지 않은 인생은 없다.

투자자산의 대원칙

　당신이 5개의 자산 중에서 4개 자산 만들기에 성실히 수행하고 있다면 재정적 안정상태에 도달한 셈이다. 집도 있고 노후도 준비하고 있으며 비상시기에 당신을 지켜줄 비상금과 보장자산이 있기 때문이다. 빚 때문에 심각히 고민할 것도 없다. 당신 수입의 20% 이내에서 빚을 갚아나갈 수 있기 때문이다. 이처럼 4가지 자산만 제대로 마련해도 산의 중턱까지는 오른 것이나 마찬가지다. 여기까지 오르다가 힘에 부치면 아름다운 경치를 즐기면서 하산한다 해도 인생이 절대 불행해지지는 않는다. 하지만 당신이 경제적 안정을 뛰어넘어 더 여유롭고 자유로운 아름다운 정상에 오르기를 원한다면 이번 장에서 설명하는 '투자자산'을 마련해야 한다. 집과 은퇴자산도 투자의 한 영역이지만 투자자산을 따로 설명하는 이유는 의미 자체가 다르기 때문이다. 집과 은퇴자산, 보장자산, 예비자산은 빚이 있어도 빚을 갚아나가면서 만들어나가야 하는 경제적 안정을 위한 자산이지만, 투자자산은 당신의 자유를 위한 돈 관리 영역으로 최소한의 빚을 제외한 상태에서 만들어가는 자산이다.

갓 돌이 지나지 않은 아기가 걸음마의 단계를 건너뛰고 뛰어다닐 수 없듯이 돈 관리의 단계를 밟아나가는 것은 매우 중요하다. 투자자산을 만들기 이전에 기초자산을 튼튼히 해야 한다. 물론 투자에서 언제나 성공이 보장된다면 단계별 돈 관리는 생략해도 무방하다. 돈을 계속 벌어 필요를 채우면 되기 때문이다. 하지만 투자의 세계는 당신이 생각하는 것보다 훨씬 거칠고 원칙이 없는 자에게는 특히 더 가혹하다. 원칙 없이 투자한 사람의 돈은 시간이 지나면 명확한 원칙을 가진 사람의 주머니로 들어가게 되어 있다. 정확한 대출 프로세스에 따라 대출해주는 은행이 서민들의 돈을 정당하게 가져가는 것처럼 말이다.

나는 《돈 걱정 없는 노후 30년》 시리즈를 세상에 내놓고 난 이후 독자들로부터 돈에 대한 눈물겨운 사연을 많이 접했다. 돈을 좀더 빨리, 많이 벌기 위한 '욕심' 때문에 투자에 실패해서 건강까지 악화되어 고통스러워하는 분, 무리한 대출로 결국 차곡차곡 모아놓은 청약예금과 보험, 연금을 해약한다는 분, 단기적인 이익에 눈이 멀어 마음의 평정심을 잃어버리며 실패할 것 같지만 혹시나 하는 마음에 자꾸만 주식투자에 빠져들어 원금의 95%를 날린 분 등. 돈에 얽힌 안타까운 사연은 이 밖에도 무수히 많았다.

물론 희망의 소식도 많았다. 금융위기 중에도 적립식펀드나 변액보

험에 매월 투자했더니 적금보다 훨씬 나은 수익을 얻었다는 분, 주식을 끊었더니 몸도 마음도 편해지셨다는 분, 펀드투자 비중을 통제해서 욕심을 제어한 후에 마음이 편해지셨다는 분, 위험자산과 안전자산 비중을 50대 50으로 투자하는 원칙을 지키면서 시장의 흔들림에 초연해지셨다는 분 등. 나는 수많은 독자들을 통해 돈 관리에도 단계를 밟아나간다는 것이 아주 중요하다는 사실을 다시금 확인했다. 그래서 더욱 투자자산은 자신만의 원칙을 정해놓고 그 원칙을 고수해야 한다는 사실을 다시 한 번 절실히 깨달았다.

자! 금융상품이나 투자의 시점을 선택하기 전에 대원칙을 하나 제안하려 한다. 이는 투자시장을 따라가되 철저히 일정 비중만 투자하고 자기 안에 내재된 욕심을 자동으로 제어하며 나머지는 안전자산으로 운용하는 돈 관리 시스템이다. 안전자산인 은행의 정기예금 금리보다 좀더 우수한 수익을 얻을 수 있는 연령별 자산배분 시스템을 제안하고자 한다.

10년 전만 해도 금융자산에 투자할 필요가 없었다. 별다른 위험을 감수하지 않고도 안전한 은행저축으로 10% 이상 확정금리를 누릴 수 있었기 때문이다. 하지만 지금은 은행금리가 세금공제 후 3~5%에 불과한 저금리 시대이다. 안전자산에서 세금을 공제한 후에 기대할 수 있는 금리는 기껏 연 4%에 불과하다. 당신의 돈을 연 4% 금리로 안전하게 보장하는 상품에만 맡기는 것이 과연 현명한 판단일까? 당신이 마냥 안전한 것만을 추구하다 보면 30년 후 은퇴 시점에 당신이 모아놓은 돈을 보며 결국 가난을 저축했다고 생각할지도 모른다. 물론 금융위기를 겪으면서 원칙 없이 투자한 수많은 펀드와 주식에서 발생한 손해로 인해 돈을 어떻게 굴릴지 난감해하는 분들이 많다. 너무 낮은 금리에 묻어두자니 내키지 않을 것이고 그렇다고 투자를 하자니 자꾸 내려앉는 투자시장이 두려울 것이다.

위험자산과 안전자산을 구분하라

일단 당신의 눈높이를 합리적으로 조정할 필요가 있다. 현재 안전한 곳에 돈을 넣어 4%를 얻을 수 있다면 당신 돈을 그 두 배인 연 8% 정도(나이, 투자성향, 경기변동에 따라 연 6~10%)로 운용하겠다는 목표를 정하는 것이다. 이를 위해서 당신은 돈의 일부를 안전자산에서 위험을 감수하더라도 수익이 있는 위험자산에 배분할 필요가 있다. 위험? 위험을 전혀 부담하고 싶지 않다고? 그렇다면 당신은 연 4%에 그냥 만족해야 한다. 사실 어떤 보수적인 투자에도 위험은 존재한다. 어쩌면 우리 일상생활에도 리스크는 내재되어 있다. 모든 위험을 피하는 것은 사실상 불가능하다. 아마 리스크를 모두 피하는 사람은 아무것도 하지 않는 사람일 것이다. 그 편안함의 장기적인 대가는 더 큰 위험이 아닐까?

안전자산과 위험자산을 구분해보자. 괄호 안은 위험도를 설정한 것이다.

- 안전자산(0%): 정기예금, CD, 국공채

- 위험도 자산(10~90%): 주식채권 혼합형펀드, 회사채, CP 등
- 위험자산(100%): 주식, 주식형펀드, ELS, ELF

위험도를 0%으로 표시한 정기예금이나 국공채도 위험할 수 있다. 은행이 망하거나 그리스처럼 국가부도사태를 맞이하는 경우 등이 그렇다. 10~90% 범위의 위험도 자산에 대해서는 본인이 스스로 위험도를 평가해서 설정해볼 필요가 있다. 가령, 주식 비중이 50%이고 국공채 비중이 50%인 혼합형 펀드라면 위험도를 50%로 설정하면 된다. 또는 B등급의 회사채에 투자했는데 잔존만기가 1년 이내이고 부도의 위험이 없다고 판단된다면 10%로 설정할 수 있다. 이에 대해서는 전적으로 투자하는 사람이 판단해야 한다.

투자성향과 경기변동을 고려한 위험도

이제 본격적으로 투자 시스템을 만들어보자. 내가 활용하는 투자 시스템의 근간은 투자자들 사이에 널리 알려진 '100-자기 나이'의 원칙을 활용하여 위험자산 비중을 정하는 것이다. 가령, 당신이 40세라면 주식형펀드 등 위험자산에는 최대 60%를 투자하고 나머지 40%는 정기예금 등 안전자산에 배분하는 것이다. 즉, 나이가 들수록 안전자산 비중을 높이고, 위험자산 비중을 낮추는 투자 시스템이다. 나는 '100 - 자기나이' 원칙을 변형하여 자신의 투자성향과 경기변동을 고려하여 위험도를 20% 할증한 120을 선택하거나 20% 할인한 80을 선택할 수 있도록 하

구 분	기 준	위험자산 비중 (주식 비중)				
		30세	40세	50세	60세	70세
중립적 기준	100-자기나이	70%	60%	50%	40%	30%
공격성향 경기활황	120-자기나이	90%	80%	70%	60%	50%
안전성향 경기불황	80-자기나이	50%	40%	30%	20%	10%

	1단계 투자성향과 경기 고려			3단계 배분비율 시스템적 자동결정 → 기대수익률 결정
선택범위	120	↑ 위험비중확대 안전비중확대 ↓	2단계 자신의 연령 선택	
	110			
	100			
	90			
	80			

위험 선호도 100을 선택한 경우

구분		세후 기대수익률		투자자산 포트폴리오 운용수익률
		위험자산	안전자산	
		12%	4%	
연령	25세	75%	25%	10.00%
	30세	70%	30%	9.60%
	35세	65%	35%	9.20%
	40세	60%	40%	8.80%
	45세	55%	45%	8.40%
	50세	50%	50%	8.00%
	55세	45%	55%	7.60%
	60세	40%	60%	7.20%

였다. 투자성향이 좀더 공격적이고 경기의 순환주기상 주식 비중을 확대해야 한다고 스스로 판단했다면 '120-자기나이'의 법칙으로 변형하고, 안전한 것을 좋아하고 경기순환주기상 주식 비중을 줄여야 한다면 '80-자기나이'의 법칙을 변형하여 적용하는 것이다.

정기예금의 두 배 정도인 연 8%가 너무 적다고 생각하는가? 그렇지 않다. 꾸준히 원칙대로 연 8%를 거둘 수 있다면 수중에 있는 종자돈 1억 원이 9년차에 2억 원이 되며, 18년차에는 4억 원이 된다. 원금이 두 배가 되는 72의 법칙에 따라 돈이 불어나기 때문이다. 또한 당신 월급이 매월 300만 원이고 월급의 10%를 30년 동안 꾸준히 투자한다면 매월 72만 원의 월급을 추가로 얻는 셈이다. 투자자는 30년 후 4억 5,000만 원의 거금을 가질 수 있기 때문이다. 현재 안전한 정기예금 세후이자율 3.5%로 얻게 되는 금액 1억 9,000만 원을 차감하면 2억 6,000만 원이 투자의 성과이다. 이를 30년의 월수인 360개월로 나누면 72만 원의 추가적인 월급을 얻는 셈이다.

투자자산은 자녀양육자금(대학자금, 유학자금, 기타양육자금), 주택확장용 자금, 창업자금용 자금, 빠른 은퇴용 자금, 특수목적용 자금(해외여행용, 자동차구입용), 종자돈 자금(순수 투자목적으로 고수익 고위험용) 등으로 활용할 수 있다. 당신이 처한 상황에 따라 투자자산 목록은 얼마든지 달라질 수 있다. 투자자산의 세부 투자 용도를 구분하는 것은 각 투자자산별로 통장 또는 자산을 쪼개어 꼬리표를 달아놓기 위해서다. 투자자산을 세부 목적별로 나누었지만 투자자산은 하나의 주머니로 생각하고 세부 금융상품을 정해야 한다. 각 투자자산을 모두 주식형펀드 등 위험자산으로만 운용할 수 없기 때문이다. 자금용도별 투자 기간과 사용할 시점을 생각하면서 투자자산을 하나의 투자 주머니로 생각하고 자산을 운용하라.

다만, 투자자산으로 분류된 금융자산 전체의 위험 비중이 당초에 설정된 기준을 초과하는지를 주기적으로 점검해보는 노력은 기울여야 한다. 목표 비중과 달리 운용되고 있다면 당초 설정 기준에 부합하도록 변경해야 한다. 예를 들어, 당초 위험자산 비중이 40%, 안전자산 비중이 60%로 1억 원을 주식형펀드에 4,000만 원, 채권에 6,000만 원을 가입했는데 주식시장의 폭락으로 주식형펀드가 2,500만 원, 정기예금이 6,500만 원이 되었다면 주식 비중을 40%(투자자산 총평가액 9,000만 원의 40%=3,600만 원)로 맞추기 위해서는 채권형 펀드에서 1,100만 원을 인출하여 주식형펀드에 추가로 투자해야 한다. 이러한 조정을 리밸런싱이라고 하며 일반적으로 6개월마다 하는 것이 적합하다.

투자자산	투자의 목적	투자기간
자녀양육 자금	자녀대학자금, 유학자금, 자녀 결혼자금 등	6~18년
주택대출 상환용 자금	만기 20년 주택대출 상환자금 (5년 이내에 빚 모두 상환하기 위한 자금)	5년
주택확장 자금	주택을 넓혀나가기 위한 자금	3~5년
창업 자금	개업자금, 제2의 인생을 위한 자금 등	5~10년
빠른 은퇴 자금	현재 직업에서 빨리 은퇴할 수 있게 만들어주는 자금	10~15년
특수목적용 자금	세계여행자금, 성지순례자금, 부모님 회갑용	1~5년
종자돈 자금	특정 목적 없이 고수익, 고위험으로 운용하여 수익을 극대화하는 자금	3~5년

* 은퇴자산을 제외한 여러 투자의 목적을 열거함. 투자기간은 임의로 정한 것임.

자금용도에 따라 운용기간도 달라야 한다

투자의 큰 방향을 정했다면 당신은 그에 적절한 금융상품을 선택하고 투자자산 주머니를 구축해야 한다. 그런데 금융상품을 선택할 때 당신이 반드시 고려해야 할 것이 있다. 바로 투자한 돈이 언제 필요한지, 돈의 운용기간에 대한 문제이다. 돈의 사용목적에 따라 운용기간이 달라지며 운용기간에 따라 돈의 운용방식을 달리해야 한다. 아무리 좋은 금융상품이라도 돈의 사용목적과 운용기간을 고려하지 않으면 돈을 성공적으로 관리하기 어렵다. 만일 다음의 상황이라면 어떻게 해야 할까?

> 결혼자금 용도로 3년 동안 마련한 적립식펀드 환매액 3,000만 원을 방금 수령했다. 아직 결혼 예정일이 1년 정도 남았다. 최근 주식시장이 오르는 기세가 심상치 않은 것을 포착한 당신은 주식형펀드에 당신의 결혼자금을 투자하는 것이 맞는지 고민하고 있다.

이 같은 경우 사용목적이 뚜렷하고 운용기간은 단 1년에 불과하다. 만일 당신에게 다른 여유자금이 전혀 없다면 단연코 당신은 정기예금 등 확정금리 저축상품을 활용해서 돈을 운용해야 한다. 당신이 연 6% 수익률을 주는 정기예금에 3,000만 원 목돈을 1년간 예치한다면 원금이 보존될뿐더러 세금공제 전 180만 원의 확정이자를 받을 수 있어 돈을 원하는 때에 제대로 사용할 수 있기 때문이다. 그런데 돈을 불려볼 요량으로 주식형펀드에 들어가는 것은 매우 부담스러운 결과를 낳을 수 있다. 주식의 속성상 지금부터 1년간 주식시장이 올라갈지는 어느 누구도 장담하기 어려우며 만일의 경우 주가하락으로 원금손실이 발생한다면 결혼에도 차질을 빚을 수 있기 때문이다. 보통은 투자 이후 시간적 여유가 된다면 폭락한 주가가 다시 회복될 때까지 기다릴 수 있겠지만 그럴 여유가 없는 상황이라면 손해를 보고 펀드를 팔 수밖에 없다. 당신의 행복을 지원해야 할 투자계획이 오히려 당신을 곤경에 빠뜨릴 수 있다.

그렇다면 1~2년 이내에 당장 쓸 자금이 아니라 자녀 대학자금 마련이거나 종자돈 등 투자기간을 길게 가져갈 수 있는 자금이라면 어떻게 운용하는 것이 좋을까? 1~2년 이내에 써야 할 자금에 대한 저축과 투자가 100미터 달리기라면, 운용기간이 긴 투자는 마라톤에 비유할 수 있다. 당신도 잘 알다시피 마라톤은 산소 섭취가 되지 않으면 할 수 없는 유산소운동이며, 100미터 달리기는 몸에 축적된 산소를 활용하여 뛰어야 하는 무산소운동이다. 산소와 같은 전문지식과 투자경험이 내면에 농축되어 있지 않은 사람의 경우에는 100미터 달리기와 같은 단기자금 운용은 주식투자보다 저축이나 채권매입을 통해 확정된 이자를 받으며 물가상승률만큼의 이자소득으로 원금을 보존하는 것이 정답이다. 그러나 마라톤과 같은 장기운용은 경제와 호흡하며 상식적인 판단으로 경제의 성장흐름에 편승하며 주식시장에 투자하는 것이 지혜로운 방법이다. 왜 주식시장에 투자를 해야 하는가 하며 고개를 갸우뚱 하는 분들이 있을지 모르겠다. 물론 투자의 세계는 저축처럼 수익이 확실히 보장되지 않는다. 그러나 불확실성이라는 위험이 존재하기에 저축에서는 맛볼 수 없는 큰 이익을 얻을 수 있다.

당신에게 1,000만 원의 돈이 있다고 해보자. 그 돈을 세후 연 5%의 확정수익이 보장되는 예금에 30년 동안 넣어두는 경우 그 돈은 4,300만 원이 될 것이다. 생각만큼 그리 큰 수익이 아니다. 만일 당신이 1,000만 원을 300만 원, 300만 원, 400만 원으로 나누어 세 가지 투자대안에 나누어 분산투자를 한 결과 첫 번째 300만 원은 주식을 잘못 선택해서 원금을 모두 날렸고, 두 번째는 연 1% 정도의 수익만을 얻었고, 마지막 400만 원은 펀드투자에서 연 12%의 수익이 발생했다고 하자. 이때 당신이 30년 후 최종적으로 얻게 되는 돈이 얼마가 될까? 바로 1억 2,400만 원이 된다. 첫 번째 투자대안에서 투자실패로 원금을 모두 날리고, 두 번째도 예금만도 못한 연 1%의 수익달성밖에 못했다. 하지만

펀드 장기투자와 은행 정기예금 · 채권수익률 비교

※ 은행 정기예금은 1년 복리, 채권수익률은 KIS채권종합지수 기준   (출처: 한국경제신문)

마지막 400만 원에서 12%의 수익이 발생했기에 1천만 원을 30년 내내 연 5% 확정수익 보장에 투자한 것보다 8,100만 원의 초과수익을 얻을 수 있었다. 따라서 투자기간이 길다면 투자에 관심을 가질만 하다.

자녀교육비,
장기 전략으로 가야 한다

아이를 낳아 대학교육까지 시키는 데 얼마만큼의 돈이 들까.

"대학졸업까지 자녀 1명 키우는 데 2억 3,200만 원."

어느 신문에서 자녀 1명을 재수시키지 않고 고등학교 졸업 후 4년제 대학에 진학시켜 휴학 없이 졸업시키려면 총 2억 3,200만 원 정도의 비용이 든다는 한국보건사회연구원의 조사 결과를 보고 가슴이 철렁한 적이 있다. 생각했던 것보다 너무 많은 돈이 들었기 때문이다. 우리나라 부모들이 자녀교육에 대한 애착이 아주 강하다고는 하지만 평생 버는 수입을 12억 원(우리나라 4인 가족 평균수입을 30년 동안 번다고 가정)이라고 볼 때 15~20% 정도를 자녀 1명 양육하는 데 써야 하는 것이다.(자녀가

2명이면 30~40%가 될 것이다.) 상황이 이렇다 보니 우리나라 출산율이 떨어지는 것이 납득이 간다.

교육열만큼은 세계 어느 곳에도 뒤지지 않는 우리나라 30~50대는 '노후 리스크'와 더불어 '자녀 리스크'에 노출되어 자신들의 노후자금 마련과 자녀교육비 준비 두 가지 사안에 대하여 우선순위를 놓고 씨름을 벌이고 있음에 분명하다. 우리나라의 높은 교육열과 경쟁심리는 사교육비를 보통사람들이 감당하기 어려운 수준으로 끌어올려 놓았다. 심지어 전통적인 한국 부모들의 마음은 돈은 물론이거니와 자신까지 바쳐서 자녀를 위해 모든 것을 다해주고 싶어한다. 자녀를 교육시키는 기간이 거의 20년에 달하다 보니 부모들이 자녀교육 외에 노후준비 등 다른 일을 꾀하는 것이 쉽지 않다. 그런데 자신의 미래와 노후를 희생하면서까지 자녀교육에 모든 것을 바치는 것이 정말 자녀를 위하는 것일까?

자녀교육 비용과 노후대비 저축을 한꺼번에 감당할 수 없는 경우라면 이 두 가지 중에서 우선순위를 정해야만 한다. 이것은 지금 자녀교육에 모든 것을 바친 후 자녀에게 부양의무를 지울 것인지, 지금 자녀교육을 일부 희생하는 대신 은퇴 후 자녀에게 짐을 지우지 않을 것인지를 결정하는 문제이기도 하다. 만일 당신이 노후준비를 하지 않아 자녀에게 얹혀살게 된다면 사랑하는 자녀, 그토록 교육비를 쏟아부어 성공하기를 원했던 자녀는 아이러니하게도 당신이 바라는 만큼 되기 힘든 것이 분명하다. 자신의 노후대비를 희생하면서까지 자녀교육에 모든 것을 바치는 일은 결코 자녀를 위하는 것이 아니라는 점을 말하고 싶다. 어떻게 보면 최고의 자녀교육은 노후준비다. 평생 경제적 자립을 하는 모습을 자녀에게 본보기로 보여주는 것이다. 이것만한 최상의 자녀교육은 없으리라 생각한다.

그렇다고 자녀교육비 마련에 소홀히 하라는 말이 아니다. 돈을 쓰고, 저축하며 모으고 준비하는 데 균형을 잡고 우선순위를 정하자는 것이다. 먼저 당신의 노후대비를 위한 저축액을 정해 놓은 후 사교육비 지출과 미래의 자녀교육비 마련에 힘을 쏟아야 한다.

매월 한정된 수입으로 이것저것 모두 만족시키는 것이 어렵다는 것은 나도 안다. 따라서 자녀에게 제대로 된 경제교육을 시키고 자립심을 키워줘 스스로가 가정경제의 구성원이라는 책임의식을 공유하는 것이 좋다. 물론 너무 많은 마음의 경제적 짐을 지워서는 안 되겠지만 말이다.

재정적으로 힘들더라도 대부분 부모는 최소한 고등학교까지는 보낼 수 있다고 생각할 것이다. 그렇다면 현실적으로 우리가 준비해야 하는 것은 대학교 학자금과 자녀가 마음 놓고 공부할 수 있는 대학기간 동안의 생활비이다. 이 정도는 부모로서 준비해서 뒷바라지를 해주고 싶은 마음이 들 것이다. 그리고 더 여유가 된다면 자녀의 유학에도 신경을 쓸 것이다. 그런데 지금 물가상승률은 4% 미만으로 저물가시대인 반면에 대학교육비와 사교육비는 해마다 물가상승률과는 상관없이 높은 상승률을 보이고 있다. 참으로 걱정이다. 학자금 마련에도 전략이 필요한 시대다. 교육비 상승을 극복할 수 있는 상품에 최대한 시간을 활용하고 꾸준히 실행해 나가야 한다.

단편적으로 '이 상품을 활용하라'는 말이 금융전문가로서는 위험한 조언이지만 그래도 이 책을 읽고 있는 독자들에게 도움이 되었으면 하는 바람에서 몇 가지 제안을 하겠다. 긴 시간 동안 준비해야 할 자녀교육비 마련을 위해서는 교육비 상승률을 따라잡을 수 있는 주식 비중이 섞여 있는 주식형펀드 또는 변액유니버설과 같은 간접금융상품으로 마련할 것을 제안한다. 자녀의 대학자금은 대부분 아이가 태어나서 대학교 진학까지, 또는 초중등학교부터 대학교 진학까지 6~18년가량 장기간 동안 투자하게 마련이다. 그러므로 주식투자 비중이 높으면 시장 상황에 따라서는 수익률이 손실인 기간도 있겠지만, 장기간 투자를 지속한다면 위험을 낮추면서 최종적으로는 물가상승률 이상을 기대할 수 있을 것이다.

내가 현재 투자하고 있는 것을 살펴보면, 자녀 1인당 매월 수입의 5%를 적립식 국내주식형펀드에 넣고 있다. 매월 수입의 일정률을 꾸준히 투자하는 이유는 그 돈은 내 돈이 아니라 자녀의 몫이라고 생각하기 때문이다. 내 돈이 아닌 아들 돈이기에 그 돈을 아들 몫으로 모아두는 것이다. 물론 그 돈은 자녀의 학자금으로 지출되거나 결혼자금으로 또는 상속자금으로 지출될 것이다. 돈을 벌 때마다 자녀 몫을 미리 정해놓으니 마음까지 편해진다. 당신의 자녀가 아직 어리고 대학교에 갈 때까지 14년 이상 준비할 시간이 남아 있다면 변액유니버설 보험으로 준비하는 것도 괜찮다. 주식형펀드에 비해 미리 떼는 선취수수료가 높기 때문에 단기간 목돈을 모으는 데는 불리하지만 장기간 돈을 모을 때는 하위투자대상으로 해외펀드 또는 채권형펀드를 선택해도 소득세가 비과세되기 때문에 오히려 주식형펀드보다 유리할 수도 있다.

당신의 현재 월 소득이 400만 원이라면 5%인 20만 원 정도를 자녀 대학자금을 위해 투자해보라. 만일 당신 소득이 매년 5%씩 증가하고 자녀의 대학교 입학까지 10년 남았다면, 그리고 그 10년 동안 연복리 10%의 세후수익률을 기대할 수 있다면 5,100만 원 정도의 목적자금을 마련할 수 있다. 다시 한 번 말하지만 당신의 경제력이 여유롭지 못하다면 최대한의 시간과 꾸준함을 활용해서 전략적으로 준비하라. 꾸준한 거북이가 토끼를 이겼듯이 당신도 할 수 있다.

기타 목적자산에는 수입의 일정액을 투자하라. 여기서 주의해야 할 점이 있다. 내가 말하는 투자자산이란, 빚이 없는 상태를 전제로 한 재산이다. 또한 투자자산은 앞에서 설명한 집자산, 보장자산, 은퇴자산에 비해서 우선순위가 밀린다. 보장자산과 은퇴자산, 집자산은 빚이 있는 경우에도 준비를 소홀히 하면 안 되는 중요한 자산이지만, 투자자산은 빚부터 우선적으로 갚고 난 후에 만들어가는 자산이라는 점을 꼭 기억하라.

나의 경우 자녀통장(2명의 아들), 빠른 은퇴를 위한 통장, 종자돈 통장 등 7개 이상의 통장을 갖고 있다. 종자돈 통장이란 말 그대로 수동적 수입을 증대시키기 위해 전략적으로 운용되는 고수익을 기대하는 통장을 의미하며 펀드와 적금으로 구성되어 있다.

특수목적자금은
중기투자 전략으로 접근하라

　　3년 이내의 기간 동안 여유 목돈을 운용할 수 있는 상품 중에서 최근에는 ELS, ELF, ELD 등 주가연계 금융상품이 떠오르고 있다. 우리가 쉽게 접할 수 있는 개별주식이나 주식형펀드는 만기가 정해져 있지 않고 주식이 오르고 내림에 따라 수익이나 손실이 발생하는 데 반해 ELF, ELS, ELD는 만기가 정해져 있고 기초자산이 정해진 등락폭 기준에 따라 수익률이 결정된다. 또한 만기 이전에 조기상환의 기회를 얻을 수 있는 장점이 있다. 물론 기초자산을 잘못 선택하는 경우 원금보존형이 아닌 원금손실 가능성이 충분히 있다. ELS 등은 기초자산, 조기상환 조건, 만기, 만기상환 조건 등을 면밀히 분석해서 가입하기만 하면 상승장뿐만 아니라 하락장에서도 짭짤한 수익을 얻을 수 있다.

　　최근 KOSPI200지수 또는 홍콩의 H지수를 기초자산으로 하는 ELS

등이 많이 발행되고 있다. 만일 예금이나 국공채와 같이 원금의 안정성을 선호한다면 원금보장 또는 원금보존을 추구하는 구조를 선택하면 된다. 나는 목돈 중에서 20% 이내에서 ELS등에 투자하고 있다. 주식시장이 박스권 내에 갇혀 있을 때에도 조기상환으로 수익을 실현할 수 있어 대안투자에 제격이다. 다만, ELS 등을 투자할 때는 반드시 기초자산을 제대로 선택해야 한다. 당신이 잘 모르는 기초자산이 들어있거나 조기 또는 만기상환 조건에 자신이 없는 경우에는 가입하지 않는 것이 낫다. 또 상품에 가입하기 전에 상품 설명을 상세히 듣고 가입해야 한다. 각 증권사나 은행의 홈페이지에 들어가면 2주에 한번씩 ELS 등의 상품이 정기적으로 게시된다. 이를 참조하여 동일한 조건이라도 더 높은 수익률을 얻을 수 있는 곳을 찾아 가입하는 것도 좋은 방법이다.

또한 당신은 저축은행을 활용하여 안전하게 목돈을 굴리거나 매월 적금을 운용할 수 있다. 아무래도 시중은행에 비해 저축은행은 인지도와 안정성이 떨어지기 때문에 확정금리 정기적금과 정기예금의 금리를 더 챙길 수 있다. 이 때 당신이 체크해야 할 사항은 다음의 두 가지이다.

첫 번째, 저축은행은 파산의 위험이 언제나 도사리고 있기 때문에 예금자보호가 되는 1인당 5,000만 원 한도 내에서 거래해야 한다. 이 때 5,000만 원에는 원금과 이자까지 포함된 금액이니 이자액을 감안해서 원금이 5,000만 원이 안 되도록 가입해야 한다. 가령, 연 5% 1년 만기 정기예금에 가입한다면 4,700만원을 가입해야 1년 후 원리금이 49,350,000원이 되어 저축은행이 파산해도 이자까지 예금자보호를 받을 수 있다. 예금자보호는 개인별, 저축은행별로 적용되기 때문에 지점을 달리 하더라도 하나의 저축은행에 여러 계좌로 분산 예치해도 보호를 받을 수 없다. 5,000만 원이 넘는 금액을 저축은행의 확정금리 상품에 넣고자 한다면 배우자 명의로 나누어 개인별 5,000만 원 이내로 가입하거나 여러 저축은행으로 분산해서 예치해야 한다.

두 번째, 아무리 예금자보호를 받을 수 있어도 저축은행이 영업정지를 받게 되면 최소 2~5개월은 예금을 찾기 어렵다. 따라서 그동안 돈이 묶이는 고충을 겪게 된다. 그 고충은 당해본 사람만 안다. 따라서 저축은행을 거래할 때는 되도록 건전한 저축은행과 거래해야 한다. 저축은행의 안전성을 판단하는 기준은 소위 '88클럽'으로 잘 알려져 있다. 자기자본비율과 고정이하 여신비율에 대한 조회는 상호저축은행 중앙회의 홈페이지의 경영공시를 조회하면 손쉽게 확인할 수 있다. 저축은행은 시중은행과는 달리 대주주의 입김이 세기 때문에 안전성 검토가 반드시 필요하다.

저축은행 안정성 기준(88클럽)

안정성 기준	판단 기준	내용
자기자본비율	8% 이상 높일수록 안전	자기자본 / 위험가중자산 × 100 비율이 8% 이상 되는가?
고정이하 여신비율	8% 미만 낮출수록 안전	고정이하 여신 / 총여신 × 100 비율이 8% 미만인가?

마지막으로 당신의 목돈이 커져간다면 좀더 높은 금리를 얻기 위해서라도 채권투자에 관심을 가질 필요가 있다. 우량기업어음이라 하는

CP(Commercial Paper) 또는 회사채 등에 대해 투자가 가능한지 본인이 직접 거래하는 금융기관에 물어보라. 물론 위험성이 없는 것은 아니다. 하지만 채권투자는 주식과는 달리 채무자가 채무불이행(부도 등)을 하지 않는 경우에는 원리금을 챙길 수 있는 좋은 투자 수단이다. 내가 아는 사람 중에는 채권에만 투자해서 은행 금리의 두 배 가까운 성과를 계속 올리는 분이 많다. 단, 해당 채권을 발행한 발행주체의 신용위험을 제대로 파악할 수 없다면 투자는 보류하라. 다시 한 번 말하지만 모르는 곳에는 투자하지 않는 것이 상책이다.

주식형펀드에 투자하는 자세

    당신에게 긴 시간이 주어져 있다면 저축에서는 누릴 수 없는 수익을 얻기 위해서는 일반적으로 주식형펀드에 장기투자해야 한다. 기업의 고유위험의 상당부분을 제거시킨 주식형펀드에 장기투자하면 손실을 볼 가능성은 줄이면서 기대한 수익을 얻을 수 있기 때문이다. 투자를 할 때 가격변동의 위험을 줄이는 역사적으로 입증된 방식은 바로 투자의 지평선, 즉 투자기간을 길게 가져가는 것이다. 오랜 투자기간 동안 물가 상승을 극복할 수 있는 금융상품이 바로 주식이다. 그래서 나는 투자자산 용도로는 주식형펀드(인덱스 포함)를 중심으로 포트폴리오를 구성한다. 그만큼 주식형펀드를 확신하기 때문이다. 주식형펀드에 대한 확신이 있어야만 투자원칙을 지키면서 장기적으로 수익을 확보하는 게 가능하다. 자기 확신이 없는 상태에서 흉내만 내는 펀드투자는 대박주를 쫓아 개별주식에 투자하는 것과 별반 다르지 않다.

통계적으로 투자위험을 표준편차로 측정하는 데 표준편차는 아래의 공식처럼 투자기간이 길어질수록 작아진다.

$$\sigma_{\overline{R_n}} = \frac{\sigma_{R1}}{\sqrt{n}}$$

$\sigma_{\overline{R_n}}$	n년 동안 평균 수익률의 표준 편차
σ_{R1}	1년 수익률의 표준 편차
n	년수

"주식은 장기간 투자하라."는 투자 격언은 바로 통계적으로 측정한 '투자기간'과 '위험'의 관계가 역의 관계라는 이론을 바탕에 두고 있다. 투자기간이 길어질수록 통계적으로 측정되는 위험은 현저히 줄어들며 높은 확률(가능성)로 자산의 기대수익률을 얻게 된다. 가령, 연 기대수익률 10%에 연 표준 편차(위험의 측정지표)가 ±20%인 주식형펀드가 있다고 가정해보자. 확률분포에 기인하여 주식형펀드의 수익률은 연간 10%에서 30%까지 다양하게 나올 수 있다. 당신이 투자시점을 잘 선택했다면 30%라는 고수익을 얻을 수 있지만 고점에 물린 경우에는 -10%를 볼 여지가 있다는 것이다. 하지만 투자기간을 10년으로 잡으면 표준편차는 ±6.32%로 감소해서 기대수익률의 예상범위는 연 3.68~16.32%, 25년으로 늘려 잡으면 표준 편차가 ±4.0%로 더욱 감소해서 기대수익률은 6~14%, 45년의 투자기간이라면 표준 편차는 ±2.98%로 수익률의 예상범위는 최소 7.02%에서 최대 12.98%가 된다. 이런 주식형펀드에 45년간 장기투자하면 손실은커녕 최소 연 7%이상 최대 연 12.98%

를 얻을 수 있다.(물론 미래의 기대수익률이라는 변수 자체가 얼마든지 변동될 수 있다. 통계적인 분석의 한계를 고려하기 바란다. 단 투자기간과 위험 간의 통계적인 관계에 주목하기 바란다.)

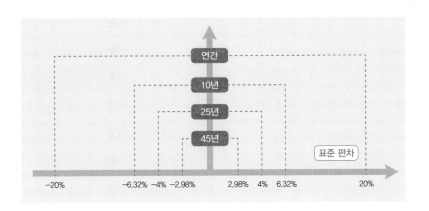

역사적인 경험치도 장기투자의 효용성을 입증한다. 1948년부터 1998년까지 투자의 시작시점과 종료시점을 어떤 시점으로 하든지 20년간 S&P500지수에 장기투자한 경우 연 수익률은 최소 6.5%에서 최대 17.8%*였다. 투자기간이 20년 이상이었다면 원금손실은커녕 최소 연 6.5%의 수익을 얻을 수 있다는 뜻이다. 또한 1802년부터 1997년까지 미국 주식 역사를 연구한 와튼스쿨의 제레미 시겔Jeremy Siegel 교수는 주식을 17년 이상 보유하면 위험이 줄어들어 언제나 플러스 수익을 내고, 다른 투

● 다만, 50년 동안 S&P 지수에 특정 년을 선택해서 단기간 투자했다면 수익률은 -26.5~52.6%이었다고 한다. 1년 단기간 52.6%라는 대박 수익을 얻을 수도 있었지만 반대로 -26.5%라는 손실을 볼 수도 있었다는 것이다. 단기간 하는 주식투자는 매우 위험하다는 것을 보여준다.

(출처: 한국경제신문 〈펀드야 놀자〉)

자대안보다 훨씬 나은 수익을 기대할 수 있다는 사실을 발표하며 장기간 주식투자의 효용성을 입증했다.

한 나라의 경제가 성장하고 명성 있는 기업이 나오면 그 나라 주가는 장기적으로 상승하는 법이다. 나는 지금부터 최소 5년 이상은 우리나라가 성장할 것이고, 이제는 장기간 주식투자를 통해 좋은 기업의 이익을 함께 향유할 수 있는 여건이 조성되었다고 확신한다. 자녀 대학자금이나 종자돈 등 투자기간을 길게 가져갈 수 있는 자금이라면 주식형펀드로 투자자산 통장을 만들어나가야 한다. 투자기간을 길게 가져갈 수 있는 자녀양육자금 마련이 목적이라면 주식형펀드에 가입하여 장기간 자본 차익을 쌓아나가면 된다. 반면에 3년 이내에 사용할 자금이라면(장기간 운용하는 노후자금, 자녀양육자금도 자금을 쓸 기간이 3년 이내로 다가온 경우에는 해당 용도만큼) 확정금리 예금 등 중기투자상품으로 운용하는 것이 지혜롭다.

투자원칙 하나. 중소형 주식은 쳐다보지도 마라

어떤 일을 하는 것만큼 하지 않는 것이 중요한 경우가 있다. 이는 바로 투자에 적용할 수 있는 말이다. 나는 개별 주식은 내 투자자산 주머니에 거의 편입하지 않는다.(단, 위기의 순간에만 대형주 위주로 투자한다.) 특히 중소형 주식은 쳐다보지도 않는다. 공인회계사로 기업의 컨설팅을 하며 작은 기업이 매우 위험하다는 사실을 몸소 체득했기 때문이다. 작은 기업은 기업의 내부통제 시스템도 제대로 갖춰지지 않았고 작은 외

부환경의 변화에도 엄청난 타격을 입을 수 있다. 기업의 가치가 고무줄처럼 측정되는 기업에 남의 말만 믿고 내 돈을 투자하는 일은 상상만 해도 끔찍하다. 설사 그 기업이 몇 배가 올라도 투자를 하지 않은 것에 난 후회하지 않는다. 지금도 그런 종목에 매료되어 뉴스니 소문이니 공시가 뜨니 안 뜨니 등 사람들이 내게 다가와 속삭이는 말은 시간이 아까워 듣고 싶지도 않다. 나만의 투자원칙을 지킨다고 해도 내게 승산이 없는 전투이기 때문이다. 종종 어떤 종목에 대한 소문이 돌면서 군중들이 몰려가도 난 흔들리지 않는다. 중소형 개별주식투자는 내가 버린 영역이며, 내가 집중해야 할 대상은 따로 있기 때문이다. 당신에게 이득을 가져다줄 아는 영역에만 집중해도 당신은 성공적인 투자자가 될 수 있다. 투자에 대해 말하는 사람들이 사용하는 단어는 각자의 패러다임과 최근의 경험이 배어있기 때문에 그 사람의 말을 검증하며 자신에게 맞는 투자법을 찾는 것이 중요하다. 중소형 개별주에 투자하는 것은 내게는 잘 맞지 않는다. 또한 대부분의 독자들에게도 적합하지 않으리라 생각한다.

내가 투자자산 주머니에 편입하는 주식투자는 성공할 확률이 매우 높은 대상이다. 여러 개의 대형 우량주에 투자하며 리스크를 최소화하는 방식이다. 물론 내가 하고 있는 투자대상도 사고파는 시점에 따라 손실을 볼 수도 있고 불확실성이 없는 것은 아니지만 확률적으로 이길 확률이 아주 높은 게임이다. 또한 내가 제안하는 투자방법은 지금부터 최소 5년 동안은 적합한 투자방법이라고 확신한다.

투자대상의 선택과 투자원칙

"우량주를 가치 대비 저렴한 가격에 사서 장기투자하다가 비싸게 팔면 큰 수익을 얻을 수 있다."

소위 전문가들이 말하는 주식투자 성공 원칙이다. 투자에 성공하기 위해서는 투자대상 선정과 투자원칙 준수가 굉장히 중요한데 전문가들은 투자대상으로는 우량주, 투자방법으로는 싸게 사서 장기투자하는 법을 말한다. 전문가의 말은 흠잡을 데가 별로 없다. 그런데 이를 실행할 때는 적지 않은 장벽에 부딪히게 마련이다.

첫째 장벽, 어떤 주식이 우량한 주식인가? 몇 백 개 상장된 대형주 중에서 어떤 주식을 찍어야 하는가? 지금은 우량한 기업이라지만 10년, 20년 후 과거의 대우그룹처럼 부도가 나거나 쇠퇴할 수 있고, 소기업도 몇 년이 지나 대형 우량기업으로 변모할 수 있지 않은가? 기업의 흥망성쇠를 관찰하면 거의 우량기업이 부실기업으로 전락하여 사라지고 새로운 회사가 그 자리를 대체하곤 했다. 지금 코스피 200에 속한 기업일지라도 시간이 지나면 어떻게 될지 어느 누구도 장담할 수 없다.

둘째 장벽, 가격이 가치 대비 저렴한지 비싼지를 공인회계사나 애널리스트도 아닌 보통사람이 어떻게 알 수 있겠는가? 공인회계사인 나에게도 까다로운 밸류에이션(Valuation, 애널리스트가 현재 기업의 가치를 판단해 적정 주가를 산정해내는 기업가치 평가)을 보통사람이 어떻게 알겠는가.

이러한 한계를 갖고 있는 보통사람인 당신을 위해 나는 우리가 성공투자를 위해 투자자산 주머니에 편입해야 할 우량주를 색다르게 정의하려 한다. 즉, 우량주는 현재 한창 잘나가는 개별 우량주가 아니라 '현

242

시점에서 잘나가는 개별 우량주를 여러 개 편입한 주식형펀드'다. 주식형펀드에 투자하면 현 시점에서 잘나가지만 전망이 불투명한 주식을 펀드매니저가 펀드 내에서 매도하여 전도유망한 주식으로 지속적으로 교체할 것이다.(앞으로 이후에 전개되는 '주식'이라는 용어는 우량주 바스켓으로 구성된 우량주펀드라고 이해하기 바란다.) 나는 당신에게 투자자산 주머니에 주식형펀드를 넣을 것을 강력히 추천한다.

투자 원칙 둘. 자신의 능력을 과신하지 말고 시간을 믿어라

경기변동을 고려해서 다양한 금융자산 포트폴리오를 구성해야 하지만 그보다 더 중요한 것은 본인의 투자성향을 파악하는 것이다. 지금까지 나이와 투자기간만을 고려하여 '100-나이' 기준으로 주식 비중을 선택하는 것을 제시했다. 그런데 사람마다 개성이 다른 것처럼 투자성향 역시 정말 다양하다. 어떤 젊은 사람은 성향상 펀드나 주식투자를 못하니 예·적금 중심으로 포트폴리오를 구성하는 사람도 있고, 어떤 70세 노인은 자신의 여유자금 50억 원을 전부 주식형펀드로 운용하는 사람도 있을 정도로 단편적이고 일률적으로 투자성향을 이야기할 수는 없다.

본인 스스로는 장기투자에 적합한 투자성향이라 판단하고 지금이 투자할 기회라고 생각하던 사람도 급락하는 주식시장 앞에서 자신을 합리화하며 주식을 매도하는 것을 많이 봐왔다.(주식시장은 그런 사람들이 주식을 매도한 이후에 오르는 경우가 많다.) 투자는 기다릴 수 있는 여유자금으로 하는 것이 정석인데 2년 이내에 사용할 자금으로 하는 경우, 본인은 안정적인 성향인데도 총 금융자산 중에서 대부분을 주식 비중으로 가져가는 사람들, 아직도 갚지 못한 빚이 많은데 펀드투자하는 사람들……. 장기투자라는 것이 본성적으로 하기 힘든데 이런 사람들은 자신의 본성과 주변 환경까지 따라주지 않으니 성공의 바로 직전에 포기하기 쉽다.

어느 누구도 투자의 세계에서는 자신의 능력을 오판하지 말아야 한다. 인간의 본성상 주식만을 전부 담아 장기투자를 하는 것이 쉽지 않다는 점을 인정하고 본인의 성향에 맞는 투자와 저축을 해야 한다. 투자성향은 개인의 금융자산에 대한 투자 의사결정을 할 때 고려되는 요소로서 투자기간, 나이, 투자경험, 위험회피 정도, 총자산에서 투자가 차지하는 비율, 재산상태 등에 따라 아주 다르게 나타난다. 자본시장통합법 시행 이후에는 펀드를 가입하는 경우, 반드시 투자성향을 분석한 후 펀드에 투자하도록 의무화하고 있다. 당신이 당신의 투자성향을 제대로 알고 싶다면 금융기관의 투자상담 서비스를 받아보거나 펀드에 가입하면서 제대로 투자성향을 짚어보아야 한다. 투자성향을 보통 3~5단계로 나누는 것이 보통인데, 5단계인 경우에는 다음과 같이 나타난다.

● 안정형

예금 또는 적금 수준의 수익률을 기대하며, 원금에 손실이 발생하는 것을 원하지 않음. 위험자산 비중은 15% 미만이 적정.

- 안정추구형

투자 원금의 손실위험은 최소화하고, 이자소득이나 배당소득 중심의 안정적인 투자를 목표로 함. 다만, 수익을 위해 단기적인 손실을 수용할 수 있으며, 예·적금보다 높은 수익을 위해 자산 중 일부를 변동성 높은 상품에 투자할 의향이 있음. 위험자산 비중은 15~30% 정도가 적정.

- 위험중립형

투자에는 그에 상응하는 투자위험이 있음을 충분히 인식하고 있으며, 예·적금보다 높은 수익을 기대할 수 있다면 일정 수준의 손실위험을 감수할 수 있음. 위험자산 비중은 30~50%가 적정.

- 적극투자형

투자 원금의 보전보다는 위험을 감내하더라도 높은 수준의 투자수익 실현을 추구함. 투자자금의 상당 부분을 주식, 주식형펀드 또는 파생상품 등의 위험자산에 투자할 의향이 있음. 주식 등 위험자산 비중은 50~70% 정도가 적정.

- 공격투자형

시장평균 수익률을 훨씬 넘어서는 높은 수준의 투자수익을 추구하며, 이를 위해 자산가치의 변동에 따른 손실 위험을 적극 수용. 투자자금 대부분을 주식, 주식형펀드 또는 파생상품 등의 위험자산에 투자할 의향이 있음. 주식 등 위험자산 비중은 70~80% 정도 적정.

투자성향은 지속적으로 변한다. 안정형이었던 사람이 최근에 접한 뉴스 등을 듣고 공격적인 성향으로 변하는 경우도 있고, 처음 설문에 응하는 사람의 경우 공격적인 성향이 있음에도 원금의 손실에 대해 투자 위험을 선뜻 감수하겠다는 사람은 별로 없다. 투자자 본인이 투자 상품의 위험에 대해 제대로 이해하지 못하고 있기 때문이다.

적은 돈이지만 긴 시간 동안 복리의 원리만 잘 활용해도 풍성한 삶을 누릴 수 있는 투자자산을 차곡차곡 만들 수 있다. 복리의 비밀은 바로 '시간'에 있다. 시간이 같은 속도로 천천히 흐르는 것 같지만, 인내의 순간이 지난 후에는 순식간에 판세가 뒤바뀐다. 실제 물리적으로는 하루밖에 안 되는 시간 속에서도 1년에 해당하는 성과를 내는 순간이 있다. 펀드투자도 마찬가지다. 지금 시계가 너무 천천히 흘러서 투자의 효과가 없다고 낙담하지 마라. 자신의 투자성향에 맞게 감정조절을 하며 끝까지 포기하지 않는다면 어느 순간 당신의 투자자산 주머니는 황금 알을 낳는 거위가 되어 있을 것이다. 인내하지 못하는 단타족은 결국 중간에 낙오되어 큰돈을 벌 수 없다. 그러니 초장에 조금 지치고 힘들더라도 포기하지 않고 끝까지 오래 참아서 복리자산을 만들어야 한다. 겨우 2~3년 투자하고서 복리효과를 기대하는 건 이제 막 익기 시작하는 풋과일을 따 먹는 것과 같다. 열매가 더 커지고 잘 익을 때까지 기다려야 한다. 열매가 익기도 전에 따 먹고서는 열매가 작다느니 시큼털털하다느니 하고 말하는 것은 어리석은 것이다.

투자 원칙 셋. 경기변동에 민감해져라

"투자가 그렇게 좋다면 매월 저축할 수 있는 돈과 목돈을 모두 주식 형펀드에 넣으면 되잖아요? 그리고 장기간 기다리는 거죠. 복리로 내 재산이 점점 늘어날 것을 생각하니 절로 힘이 납니다." 이 말은 얼핏 들으면 맞는 말이다. 긴 시간을 투자할 수 있는 자금이라면 주식형펀드를 잘 선택해서 잘 묵혀두면, 경험상 절대 맞는 말이다. 많은 사람들이 여기에 동의하며 가용자금을 펀드와 주식에 쏟아부었다. 그렇다면 결과는 어떻게 되었을까?

우리는 모두 투자의 귀재 워렌 버핏이 아니기에 그 결과는 정말 다양하다. 투자에 대한 이해를 바탕으로 경기가 회복되고 호황을 맞을 때 어떻게 해야 할지를 알고 자신의 투자성향에 적합한 투자 포트폴리오를 유지한 사람은 성공했다. 하지만 종합주가지수가 2000을 넘는다는 뉴스만 믿고 자신의 투자성향은 무시한 채 주식에 올인한 사람은 스스로 인내의 한계를 이기지 못하고 손실을 맛보았다. 어설프게 이해하고 투자에 덤벼들어 매서운 맛을 본 셈이다.

2007년 10월 31일 2064.85포인트를 찍은 후 열광하는 펀드 추종자들을 뒤로하고 우리나라 코스피지수는 하염없이 추락했다. 그때 실물경기는 정점을 향해 올라가고 있었고 금리와 물가는 그 뒤를 따르고 있었다. 나는 주가지수는 경기에 선행하는 것이 일반적이므로 주가가 빠지기 시작하자 경기도 하락할 가능성이 크다고 봤다. 2007년 말부터 경기의 하향추세는 본격화되었다. 그렇지만 많은 사람들은 오랜 호황을 누리던 전 세계 경기가 하락하지만 가벼운 경기하락 후 다시 회복하리라는 믿음을 버리지 않았다. 2008년 초반부터 2008년 5월까지의 원자재가격 강세는 경기지표의 하락을 의심하기에 충분했기 때문이다. (2007년 말 우리나라의 통화당국도 원자재가격의 강세로 인해 물가가 높아 금리를 내리지 못하는 형국이었다.) 우리나라 코스피주식시장도 2008년 2~3월 1500지수대를 시험하다가 2008년 5월까지 다시 1800지수대로 재상승하며 경기하락을 이겨내며 경제가 견고하게 성장하리라는 헛된 희망을 투자자들에게 잠시 심어줬다. 그런데 그 당시 코스피지수와 금리지표를 보면 금리수준이 매우 높았다는 것을 알 수 있다. 콜금리는 지속적으로 상승해서 5%에 육박해 있었고 국고채 3년 금리와 CD금리도 그 상승세가 꺾이지 않았다. 당시 시중은행에서는 고금리 특판예금이 연 6%가 훌쩍 넘어 판매되었다.

2007년 4분기, 전 세계 주식시장은 나란히 고점을 찍은 이후 2008년 4분기까지 마치 떨어지는 칼날처럼 줄기차게 하락했다. 우리나라 코스피지수도 장중 맥없이 900선을 내주기도 했다. 2007년 고점대비 55%가 넘는 하락을 보인 것이다. 단기간 100%가 넘는 상승으로 모든 사람의 마음을 뜨겁게 달구었던 중국펀드는 애물단지가 되었고 고점대비 75%가 넘게 하락했다. 세계경제가 언제 회복될지 모르는 시계제로의 상황에서 하염없이 떨어지는 주식시장은 정말로 암담했다. 복리투자의 대가 워렌 버핏마저도 2008년 한해 수익률이 -32%를 기록할 정도로 주식시장의 떨어지는 칼날 앞에서는 속수무책이었다.

역사적으로 주식은 모든 자산 클래스 중에서 가장 높은 변동성을 갖고 있고 변동성이 큰 시장은 어제 오늘의 일은 아니다. 당신이 내 말을 듣고 주식에 매료돼서 주식형펀드에 투자한다면 당신은 투자의 지평선을 길게 늘려야 주식시장의 높은 변동성을 이길 수 있다. 투자자가 위험이 두려워 시장을 떠난다면 아무 수익도 취할 수 없다는 사실을 명심하라. 주식시장의 변동성에서 위험이 있고 위험에서 더 큰 수익을 얻을 수 있다는 기본적인 사실을 생각하며 지혜롭게 시장에 접근해야 한다. 막무가내로 투자기간이 긴 자금을 모두 주식에 넣어 장기투자를 하라는 이야기는 아니다.

아래의 그래프는 2001년 7월부터 2009년 7월까지 만 8년간 우리나라 코스피 시장에서 주가 상승률이 가장 높았던 20일을 표시한 것이다.

주가 상승이 가장 높았던 20일

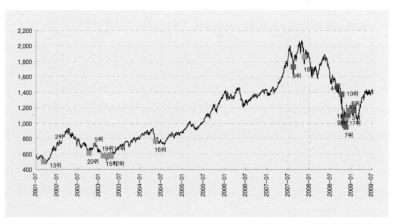

(출처: 미래에셋 자산운용)

순위	날짜	일 수익률(%)	순위	날짜	일 수익률(%)
1	2008. 10. 30	11.95	11	2003. 04. 07	5.00
2	2002. 02. 14	7.64	12	2004. 04. 29	4.98
3	2008. 12. 08	7.48	13	2001. 09. 13	4.97
4	2008. 10. 14	6.14	14	2008. 12. 15	4.93
5	2001. 12. 05	5.91	15	2003. 03. 20	4.92
6	2009. 01. 28	5.91	16	2004. 05. 19	4.85
7	2008. 11. 21	5.80	17	2008. 11. 26	4.72
8	2007. 08. 20	5.69	18	2007. 11. 26	4.65
9	2008. 10. 28	5.57	19	2003. 02. 17	4.63
10	2008. 09. 08	5.15	20	2002. 10. 14	4.55

주가 상승률이 높았던 대부분은 하락장의 마무리 국면에서 비관론이 극에 달했을 때이다. 비관론에 싸여 공포에 휩쓸려 성급하게 주식을 매도한 사람은 역사적인 20일을 놓치고 하루에 4.55%에서 11.95%씩 오르는 주가상승에서 소외되었을 것이다. 만일 투자자가 공포에 못 이겨 하락장에서 주식을 팔았다면 그 사람의 투자 포트폴리오 성과는 어떻게 되었을까?

만 8년 동안 주식시장에 진득하게 머물러 있었던 투자자의 보유기간 수익률이 133.6%이었던 것에 반해, 수익률이 가장 좋았던 열흘을 놓친 투자자의 누적수익률은 22.0%에 불과했고, 20일을 놓쳤다면 투자자는 오히려 -23.8%의 손실을 보게 되는 결론이다. 만약 주가를 예측하다 수익률이 좋았던 날 50일을 놓쳤다면 원금의 75% 이상을 잃고 말았을 것이다. 지금 내가 말하는 주식투자에서 위험이란 하락장을 피하지 못하는 것뿐만 아니라 상승장의 수익을 향유하지 못하는 것도 포함된다.

투자기간 중 수익률이 높았던 특정 일자에 투자하지 않았을 때 누적수익률

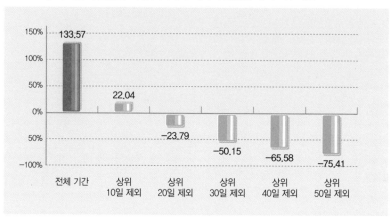

(출처: 미래에셋 자산운용)

주식은 철저하게 80대 20의 법칙이 적용된다. 20%의 기간 동안 80%의 수익이 발생하고, 20%의 기간 동안 80%의 손실이 발생한다. 폭락장은 시장을 떠날 때가 아닌 버티면서 기다리는 시간으로 삼아야 한다. 대부분의 주식 폭락은 보통 1년 반에서 3년 사이에는 다시 회복이 되었기 때문이다. 만약 당신이 주가가 하락할 때마다 손실에 대한 두려움 때문에 매번 주식을 팔아 상승장에서 소외되었거나 투자성향으로 볼 때 장기투자가 맞지 않는다고 생각한다면 주식형펀드 또는 인덱스투자 자체도 멀리해야 할 것이다. 그만큼 주식은 인내와 용기, 어쩌면 배짱을 요하는 투자다.

결론적으로 2007년 하반기부터 2008년 상반기까지는 주식 비중을 조정하는 시기였어야 했다. 현재 우리나라 경제상황으로 볼 때 콜금리 5%, 시중은행예금금리 연 6%는 매우 높은 금리에 해당하기 때문이다. 주식 비중을 조절해서 고금리 예금 등 현금자산으로 포트폴리오를 조정할 필요가 있었다. 2008년 중순까지만 해도 시중은행과 저축은행에서 고금리 예금 상품 중에서 연 7%가 넘는 상품에도 가입이 가능했다. 우리나라 경제 수준에서 연 7%가 넘는 예금은 투자자산 포트폴리오에 편입하기에 아주 좋은 대상이다. 주식은 변동성에 따른 원금손실의 위험이 있지만 예금은 리스크가 없는 확정금리상품이기 때문이다.

장기투자도 좋지만 저렴하게 구입한 주식형펀드 비중에서 일부는 비싸게 팔아 수익을 챙기는 것도 장기투자에서 고려해야 할 투자의 유용한 한 방법이다. 하락장에서는 마구 떨어질 것만 같아 인내하지 못해 마지막에 팔아버리고 상승장에서는 계속 신 고점을 갱신할 것만 같아 매도하지 못하는 우리의 본성을 좀 기계적인 방식으로도 통제할 필요가 있다.

실제로 우리나라를 포함한 전 세계 주가지수는 2008년 겨울 최악의 국면을 맞이했다. 나도 지금이야 설명을 덧붙이지만 그때가 저점이었는지 알 수 없었고 말할 수 없는 공포에 휩싸였다. 만약 내 돈이 전부 주식에 들어가 있었다면 아마 나 역시 제정신이 아니었을 것이다. 당시 정기예금과 적금, 채권형펀드가 마음의 위안을 준 것을 생각하면, 이는 맛본 사람만 알 것이다. 그때 60%의 안전자산 비중은 나머지 40%의 주식 비중에 대한 장기투자를 가능하게 해주었다.

2008년에는 주가가 다시 상승하다가 2008년 5월을 정점으로 하락하기 시작했다. 그런데 우리나라 금리는 2008년 9월까지 계속 올랐다. 그 이유는 물가상승의 순환주기, 즉 인플레이션 사이클은 경기변동 사이클보다 다소 늦기 때문이다. 인플레이션 사이클이 정점에 올라 이미 경기는 내려가는 시점부터 금리는 내려가기 시작한다. 바로 이 때가 국공채 등에 투자해야 할 시점이다. 금리가 내려가면 국공채 등 우량채권의 가격은 오르기 때문에 채권에서 수익을 많이 얻을 수 있다. 물론 주식 비중은 많이 줄여야 한다. 경기의 하락이 진행되는 중에 주식과 커머디티 (실물상품)에 돈을 넣고 있는 경우 상당한 손실을 볼 수 있다. 한 번 떨어지기 시작하는 주식은 생각보다 훨씬 많이 떨어진다. 주식의 속성상 주식에서 발생하는 손실의 80%는 20%의 구간에서 발생하기 때문이다.

2007년 1월부터 2009년 5월까지 코스피지수와 금리비교

일자	코스피지수	콜금리	국고채(3년)	CD(91일)
07/1/25	1382.36	4.62	5.02	4.95
07/2/25	1469.88	4.5	4.84	4.94
07/3/25	1447.38	4.61	4.76	4.94
07/4/25	1545.55	4.74	5	4.97
07/5/25	1644.56	4.58	5.17	5.07
07/6/25	1757.73	4.52	5.25	5.03
07/7/25	2004.22	4.78	5.32	5.08
07/8/25	1791.33	4.98	5.34	5.27

07/9/25	1919.26	4.98	5.46	5.35
07/10/25	1976.75	5.02	5.37	5.35
07/11/25	1772.88	5.01	5.66	5.51
07/12/25	1919.47	5	5.78	5.8
08/1/25	1692.41	5.01	5.19	5.76
08/2/25	1709.13	4.98	5.08	5.2
08/3/25	1674.93	4.97	5.28	5.35
08/4/25	1824.68	4.96	4.94	5.36
08/5/25	1827.94	5	5.4	5.37
08/6/25	1717.79	4.55	5.82	5.37
08/7/25	1597.93	5	5.77	5.63
08/8/25	1502.11	5.24	5.88	5.79
08/9/25	1501.63	5.23	5.93	5.8
08/10/25	938.75	4.28	4.52	6.04
08/11/25	983.32	3.98	5.05	5.47
08/12/25	1128.51	2.99	3.68	3.95
09/1/25	1093.4	2.47	3.36	2.96
09/2/25	1067.08	1.58	3.99	2.51
09/3/25	1229.02	1.56	3.64	2.43
09/4/25	1354.1	1.87	3.58	2.41
09/5/25	1400.9	1.97	3.81	2.41

금리가 지속적으로 내리면서 경기는 하강downturn에서 후퇴recession로 한발 더 나아간다. 불황depression으로 들어갈지 모른다는 불안감이 점점 더 커진다. 금리는 더 가파르게 떨어지며, 주식도 폭락한다. 시중

금리가 내려가니 은행 정기예금 금리도 매력도가 떨어진다. 우리나라의 경우 2008년 하반기부터 금리하락은 시작했다. 2009년 상반기에 콜 금리는 2%, CD 금리도 2.4%까지 추락하며 은행에 예금하러 가도 1년제 정기예금 금리가 연 4% 미만으로 떨어졌다. 비관론이 번지고 곳곳에 예언가들이 등장하고, 주식 강세론자들은 모두 사라진다. 더 이상 견디지 못한 투자자들이 주식을 내던진다. 2008년 4사분기부터 2009년 1사분기까지가 이런 형국이었다. 이 때가 다시 주식시장에 발을 담글 때이다. 주식 비중을 점차 늘려가며 국공채를 매도하기 시작할 시기다. 소비심리가 최저로 떨어지고 시중금리는 지속적으로 하락한다.

금리는 경기가 바닥을 찍고 올라가는 것을 확인한 후에 올리게 되어 있다. 인플레이션 사이클은 경기보다 후행하는 것이 일반적이기 때문이다. 경기바닥 시점부터 회복 국면에 돌입할 때 주식 이외에 살펴볼 것은 부동산과 실물에 대한 투자다. 경기회복에 따른 인플레이션에 대한 기대감으로 부동산과 실물펀드는 상승하기 시작한다. 또한 이 때 눈여겨볼 상품이 하이일드채권펀드이다. 금리가 곧 오르기 때문에 국공채는 매도해야겠지만 주식과 비슷한 특성이 있는 하이일드채권펀드는 신용스프레드의 축소로 인해 짭짤한 수익을 얻을 수 있다. 하이일드채권펀드의 경우 경기가 되살아나는 시기까지 보유하는 것이 좋다.(참고로 하이일드채권펀드는 변동성이 상당히 높기 때문에 주식형 비중으로 분류해야 한다.)

경기 사이클 단계별 최적 투자자산

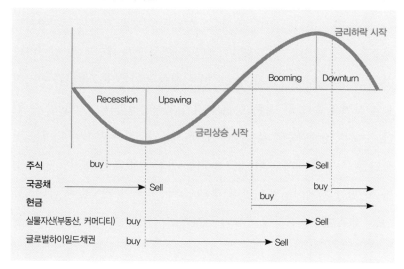

경기가 바닥이고 투자의 비중을 올려야 할 때 본인이 정한 '100-자기나이' 만큼에서 20%의 범위 내에서 가산해서 투자 비중을 조정하면 된다. 주식이 오르기 시작하면 아주 가파르게 오른다. 이는 주식의 속성이다.

지금까지 경기변동과 최적 금융상품 투자에 대해 좀더 쉬운 이해를 위해 2007년부터 2009년까지 실제 데이터를 가지고 설명해보았다. 이를 통해 왜 경기의 순환주기별로 포트폴리오를 변경해야 하는지 이해했을 것이다. 그리고 앞에서 장기투자를 말하며 주식이 가장 좋은 투자 대안이라고 했지만 다른 투자대상인 채권과 예금, 부동산도 경기변동 구간에서 꼭 필요한 재테크 상품임을 알려주고자 했다.

다시 말하지만 제대로 된 주식형펀드에 돈을 넣어두고 장기투자하는 것이 좋다. 하지만 금리, 물가, 경기 등의 지표를 보면서 주식형펀드 비중을 조절해가며 고금리특판 예금, 금리하락기 채권투자, 경기바닥 이후 하이일드채권 투자를 병행하면 당신의 투자자산 주머니를 안정적으로 살찌울 수 있다. 물론 당신은 경기변동의 정점과 바닥을 알 수 없다. 수많은 경제변수를 주무르는 경제 전문가조차 사후적인 평가를 곁들일 뿐 사전에 제대로 된 경고를 하는 사람은 없다. 그렇지만 쉽게 접할 수 있는 경제신문과 뉴스를 통해 소비심리와 물가수준과 금리지표 변동, 정부정책의 변화를 접하며 경기변동 국면의 호황의 중간 수준, 불황의 중간 수준 정도는 맞출 수 있지 않을까 기대해본다. 당신의 경제 지식과 경험이 축적된다면 앞으로 금융자산을 운용하는 당신의 직관력은 점점 커져갈 것이고 재정적인 성공 가능성은 높아질 것이다. 또한 경기변동을 보면서 경기는 좋을 때가 있으면 나빠질 때가 있다는 사실을 겸허히 받아들여야 한다. 오르막에 있다면 수익에 대한 욕심을 줄이면서 금리형 상품으로 갈아타고 내리막을 걷고 있다면 좋아질 때를 소망하면서 긍정적인 포트폴리오 구성을 꾀해야 한다.

펀드, 이렇게 선택하라

　자동차나 가전제품 등 고가의 제품을 고를 때는 다양한 정보를 수집하여 분석한 이후에 구매를 한다. 주변사람에게 사용해본 소감을 묻기도 하고, 나름대로 인터넷이나 신문을 통해 정보를 입수한 후 충분히 비교하고 꼼꼼하게 따져보는 것이 일반적이다. 어떤 펀드를 선택했느냐에 따라 최초 원금만큼 차이가 발생할 수 있다.

　당신의 투자자산을 살찌울 펀드 선택 기준을 몇 가지 제안하겠다. 펀드뿐만 아니라 보험사와 방카슈랑스를 통해 판매되는 변액보험의 하위 펀드를 선택할 때에도 아래의 기준을 반드시 알아보고 펀드를 정하는 것이 좋다. 그리고 기존의 펀드를 계속 보유할지 교체할지에 대한 의사결정을 내릴 때에도 아래의 기준을 검토해서 결정하기 바란다.

과거 운용성과가 좋은 펀드가 앞으로 좋을 가능성이 높다

최근 펀드상품이 봇물처럼 쏟아지며, 새로운 테마와 번뜩이는 마케팅 아이디어로 우리의 마음을 사로잡으려 한다. 그런데 새로운 펀드상품은 과거의 성과가 없는 것이 보통이다. 과거의 성과를 분석할만한 자료가 없는 경우에는 펀드를 선택하기가 쉽지 않다. 일단 그런 펀드는 당신이 잘 알지 못하고, 투자에 대한 확신이 서지 않는다면 선택하지 않는 것이 최선의 선택이다. 경험상 새로운 펀드 중에서 테마형식으로 눈길을 사로잡은 펀드(물펀드, 럭셔리펀드 등)에 투자해서 만족할만한 성과를 얻었던 적은 별로 없었던 것 같다.

펀드의 과거 운용성과가 향후 투자성공을 보장해주지는 못하지만 과거 운용성과는 미래를 가늠해볼 수 있는 가장 훌륭한 바로미터가 될 수 있기에 펀드를 투자하기 전에 반드시 살펴봐야 한다. 우리가 펀드의 성과를 분석할 때 흔히 저지르는 실수가 과거의 수익률만을 비교하는 것이다. 수익 뒤에 숨어 있는 위험지표를 동시에 살펴봐야 과거의 성과를 제대로 분석할 수 있다. 또한 장기적인 성과를 중심으로 최근의 단기성과를 확인해야 과거의 성과가 현재에도 여전히 유효한지를 가늠해볼 수 있다. 펀드의 단기성과를 올려 자금을 끌어당기고 새로운 펀드를 또 출시해서 규모를 늘리려는 운용사의 전략에 말려들지 않고 중장기적인 운용실력이 있는지를 점검해보는 기준이 될 것이다. 장기성과는 2~3년, 5년 치의 누적수익률과 변동성을 살펴보고 위험대비 수익률을 나타내는 샤프지수를 펀드별로 비교해보는 것도 좋은 방법이다. 또한 단기성과는 최근 1개월, 3개월, 6개월, 연초 이후 성과 등이 과거의 성과와 잘 연관되어 운용되고 있는지 살펴야 한다. 이 때 펀드평가회사(제로인 www.funddoctor.co.kr, 한국펀드평가 www.fundzone.co.kr)의 펀드현황과 성과분석 자료를 꼼꼼히 읽고 각 평가사의 평가등급을 살펴보는 것도 매우 유용하다.

장기간 운용된 규모 있는 중대형 펀드를 선택하는 것이 좋다

펀드의 운용 역사가 오래되고 운용 규모가 클수록 운용사가 더 관심을 쏟을 수밖에 없다. 펀드도 사람이 하는 일이기 때문이다. 일반적으로 과거 운용성과가 비슷하다면 운용 규모, 즉 펀드에 투자된 금액이 큰 것이 좋다. 펀드 규모가 너무 작으면 포트폴리오조차 제대로 구성하지 못할 가능성이 크고, 시장변화에 제대로 대응하기 어려울 수 있다. 펀드평가회사의 리포트를 읽으며 당신이 가입한 주식형펀드의 규모가 최소 100억 원 이상 되는지 살펴보고 가입 중에는 펀드 규모가 혹시 급감하고 있지는 않은지 관심을 갖고 지켜봐야 한다. 당신이 묻어둔 펀드에 당신과 몇 명만 남아 있을 수도 있다. 그런 펀드는 시간이 지나면 운용사와 판매사 모두 관심 밖이 되어 낭패를 볼 수도 있다.

운용 규모가 너무 큰 경우에도 문제가 될 소지가 있다. 몸이 둔해져서 시장대응에 둔감해질 수 있기 때문이다. 개별 펀드를 선택할 때뿐만 아니라 변액보험의 하위 펀드를 선택할 때 이 기준은 필히 적용해야 한다. 시중에 판매되는 변액보험 중 중소형 보험사의 일부는 몇 십억도 안 되는 펀드 규모를 변액보험에 편입시켜 판매하는 경우가 있다. 펀드보다 더 장기적으로 투자하는 변액보험에 가입할 때는 이 기준을 필히 적용해보기 바란다.

각 자산운용사의 대표펀드를 선택하는 것이 좋다

이름값이라는 것이 있다. 명불허전이다. 자산운용사는 마케팅 차원에서 대표펀드 혹은 간판펀드를 선정하여 집중적으로 관리하는 경향이 있다. 대표펀드의 경우 자산운용사들이 각별한 신경을 쓰기 때문에 수익률이 양호하게 나올 가능성이 매우 높다. 펀드 선택에 특별한 판단이 서지 않을 경우 대표 펀드를 선택하는 것이 가장 손쉬운 방법이다. 자산운용사는 돈을 모을 작정으로 펀드에 색다른 이름을 붙여 새로운 펀드를 양산하는 경우가 있다. 정말 조심해야 한다. 펀드산업에 종사하는 사람으로서 대표펀드에 1호, 2호, 3호 이름을 붙여 현혹시키는 일이 없었으면 좋겠다. 투자자의 착각을 유발할 수 있기 때문이다.(이런 때는 아무래도 제1호가 대표펀드일 것이다.) 운용사의 대표펀드는 아무래도 많은 판매회사(은행, 증권사, 보험사)에서 판매하려고 할 것이다. 펀드평가사의 리포트에서 판매회사가 몇 개인지를 파악해보는 것도 괜찮은 펀드인지를 확인할 수 있는 좋은 방법이다.

모르는 섹터와 익숙하지 않은 해외펀드는 쳐다보지도 마라

이는 아주 중요한 기준이다. 많은 사람들이 자신이 가입한 펀드가 어디에 투자되고 있는지 모른 채 펀드를 욕하는 경우를 본다. 현재까지 국내펀드 산업은 성장하고 있지만 걱정스러울 정도로 펀드의 수가 너무 많다. 스스로 이해를 못했거나 모르겠거든 아예 펀드에 가입하지 마라.

특히 유행을 따라가는 펀드, 분산투자 운운하며 그럴싸하게 미사여구로 포장된 펀드는 멀리해야 한다. 가령, 2006~2007년 초까지 부동산 리츠재간접펀드(글로벌, 일본, 유럽 등)는 서브프라임의 폭풍우가 다가오는 줄도 모르고 많은 사람들이 단기간 고수익의 미끼에 속아 가입했다. 2006년 부동산 리츠재간접펀드가 30~50%씩 단기간 고수익이 나자 사람들이 몰려든 것이다. 그 후 2007년부터 부동산펀드는 지난 수익을 모두 까먹고 최대 70% 이상 손실이 난 채 투자자의 애간장을 태웠다. 리츠펀드의 속성상 8~10% 정도의 수익이 발생하는 것이 정상인데 고수익이 발생한다는 것 자체가 문제였던 것이다. 또한 2007년 초 일본펀드의 유혹에 많은 사람들이 넘어갔다. 지역분산 투자를 해야 한다는 당연한 근거가 있었지만 성장의 근거가 불확실한 희망에 근거한 투자였던 것 같다. 만일 일본펀드에 투자했었다면 2007년 말 이전에 손절매를 했어야 한다. 2007년은 해외펀드 비과세 조치로 인해 해외펀드가 봇물처럼 터진 한 해였다. 각 운용사는 물펀드, 럭셔리펀드, 와인펀드 등 펀드에 이름을 붙여 사람들을 유혹했다. 정말 그런 식으로 모든 펀드를 욕 먹이는 일이 없었으면 좋겠다. 모르는 펀드는 쳐다보지도 말고 운용성과가 나쁜 펀드는 과감히 버려야 한다. 개방형펀드는 일정 기간(보통 30일에서 90일)이 지나면 환매수수료 등 추가로 들어가는 비용이 전혀 없으므로 다른 펀드로 갈아타지 않을 이유가 전혀 없다.

섹터펀드가 모두 나쁘다는 것은 아니다. 국내에서는 규모의 한계로 분산투자할 규모가 안 되는 섹터를 해외펀드를 통해서 구현할 수 있는 것은 장점이다. 다만, 역사적으로 운용능력이 검증된 섹터, 즉 커머디티, 컨슈머 등에 당신이 이해할 수 있을 때 투자를 하라.

비용과 세금을 반드시 고려하라

펀드, 변액보험을 투자하는 경우 매년 비용이 발생한다. 당신의 선택에 따라 동일한 펀드라 하더라도 비용이 달리 부과될 수 있다. 일반적으로 선취판매수수료를 떼는 펀드가 후취보수만을 징구하는 펀드에 비해 장기투자 시 총비용이 저렴하다. 단, 1년 정도만 투자하는 경우에는 선취판매수수료 방식의 펀드보다는 후취보수 펀드가 낫다. 펀드를 선택해서 유지할 때 비용 요소와 세금이 어떻게 부과되는지를 꼭 확인해야 한다.

여기서 변액보험에 대해 이야기를 좀 하고 넘어가자. 변액보험 중 대표주자인 변액유니버셜보험은 보장을 제외한 투자의 관점에서 본다면 선취판매수수료가 매우 비싼 펀드다. 선취수수료가 비싼 대신 매년 징구하는 펀드의 총보수가 저렴한 것이 특징이다. 매월 적립방식으로 투자한다면 투자액의 거의 10% 정도를 선취판매수수료로 내고, 90%가 펀드에 투자되는 꼴이다. 투자적인 관점에서 상품으로만 변액보험과 펀드를 비교한다면, 13~15년 이상을 변액유니버셜 투자를 각오해야 저렴한 투자비용의 효과가 나타나 똑같은 펀드에 투자했을 때에 변액보험이 더 유리하다고 할 수 있다. 한마디로 아주 장기간 투자하지 않으려면 변액보험에 투자하기보다 펀드에 투자하는 것이 낫고, 장기로 투자하려면 변액보험이 펀드보다 낫다. 하지만 꼭 장기가 아니더라도 변액보험의 비밀 3가지를 잘 이해하고 실천하면 변액보험이 펀드보다 훨씬 나은 투자성과를 가져올 수 있다.

첫째, 월납 형식으로 변액보험을 가입하려거든 변액보험에 가입할 수 있는 총자금의 일부만 가입하라. 만일 총 30만 원을 변액보험에 가입하려고 했다면 15만 원만 변액보험에 가입하고 나머지는 추가납입제도를 활용하라는 것이다. 추가납입의 혜택은 사업비 중 거의 대부분이 면제된다. 어려운 용어지만 펀드의 선취판매수수료에 해당하는 신계약비 중 수금비만 공제되고 나머지는 면제되기에 매월 투자액의 대부분이 투자에 활용될 수 있다. 기본보험료를 30만 원으로 정한 사람보다 기본보험료를 15만 원으로 정하고 나머지 15만 원은 추가납입한 사람의 투자수익률이 월등히 높을 수밖에 없다.

둘째, 변액보험은 보험이기에 10년 이상 유지되면 소득세가 비과세된다. 따라서 소득세가 과세되는 펀드(채권형펀드, 해외펀드)를 변액유니버셜의 하위펀드로 설정하면 소득세가 전혀 과세되지 않으므로 연 10% 투자수익률 가정 시 펀드투자에 비해 일반과세자는 1.54%, 금융소득종합과세 최대과세자는 3.63%의 수익률을 더 얻을 수 있다. 따라서 과세되는 펀드는 변액보험으로 투자하고, 주식매매나 평가차익이 과세되지 않는 국내주식형은 펀드로 투자하는 것이 전략상 유리하다.

셋째, 변액보험은 10년 이상 유지할 때 세금이 없기 때문에 계좌 내에서 발생한 모든 이익과 손실이 서로 상계되고 세금이 없다. 그런데 펀드는 분산투자를 위해 여러 계좌를 나누어 투자할 때 이익이 발생한 계좌와 손실이 발생한 계좌 간 서로 상계가 되지 않아 세금을 많이 낼 여지가 많아 불리할 수 있다. 따라서 변액보험의 하위 펀드를 여러 개로 설정하면 세금 없이 분산투자까지 누릴 수 있다.

이 세 가지만 잘 활용해도 변액보험으로 색다른 간접투자 경험을 할 수 있다. 우리나라의 수많은 보험설계사들은 첫 번째 비밀은 잘 가르쳐주지 않는다. 추가납입에는 보험설계사 또는 대리점에 돌아가는 수당이 없기 때문이다.(추가납입에는 사업비가 없으니 당연하다.) 그리고 두 번째, 세 번째 비밀은 전문 설계사들이나 보통의 사람들은 세금에 대해 잘 몰라서 구체적으로 활용할 줄 모른다. 지금 변액보험을 보유하고 있거나 투자할 요량이라면 세 가지를 잘 활용하기 바란다. 꼭 주의할 사항은 변액보험은 세법적인 비과세 효과 등, 앞서 말한 장점을 누리기 위해서는 최소한 10년 이상 꾸준히 유지해야 한다는 사실이다. 따라서 가입 전에 10년 이상 투자할 용도의 자금(가령 은퇴자산 목적)에 변액보험을 배정하는 것이 돈 관리 정석이다.

서브프라임 금융위기 등으로 인해 펀드 등 투자상품이 위험하다고 생각하는 사람도 있을지 모르겠다. 이 책을 읽는 당신 역시 하나 이상의 펀드에 가입하고 있으면서 시장의 등락이 불안하다고 생각할 것이다. 하지만 장기적인 안목과 인내와 용기를 가지고 다시 한 번 제대로 된 펀드를 골라 투자하면 그러한 불안감은 사라질 것이다. 특히, 매월 일정금액을 저축해서 미래를 대비해야 하는 경우라면 단기적인 악재로 시장이 조정 받을 때가 오히려 장기적인 관점에서 우량자산을 저렴하게 매수할 수 있는 기회를 제공한다는 점을 기억하자.

1977년부터 1990년까지 2700%의 경이적인 누적수익률을 기록했던 피터 린치의 '마젤란펀드'를 예로 들어보자. 마젤란펀드는 13년 동안 한 번도 마이너스 수익률을 기록한 적이 없었고, 무려 연복리 29.2%라는 놀라운 수익률을 기록했다. 우리가 꿈꾸는 그런 펀드였던 것이다. 그런데 아이러니하게도 피터 린치가 은퇴 직전 조사한 바에 따르면 마젤란펀드에 투자하고도 원금을 손해 본 사람이 마젤란펀드 가입 경험이 있는 투자자의 절반을 넘었다고 한다. 즉, 시장의 단기적인 오르내림에 휩쓸려 투자와 환매를 반복하다 보니 마젤란펀드라는 당대의 최고 펀드에 투자하고도 정작 손해를 보고 만 것이다. 만약 꿈의 펀드에 인내를 갖고 오랫동안 투자했다면 행복한 미래가 보장되었을 텐데 말이다.

성장하는 국가의 주식시장은 반드시 우상향하리라는 믿음을 갖고 꾸준히 매월 일정금액을 변동성 위험에 투자한다면 당신이 꿈꾸는 아름다운 미래를 맞이할 수 있다. 주식시장의 오르내림에 흔들리지 않고 우량한 펀드 등 주식간접상품에 장기투자하면 웬만한 개별주식보다 훨씬 괜찮은 성과를 보상받으리라 확신한다. 이제 투자에 자신감이 붙었다면, 실천하는 일만 남았다. 건투를 빈다.

액티브펀드와 인덱스펀드,
어느 것을 선택할 것인가

　　주식형펀드는 크게 인덱스펀드와 액티브펀드로 나눠볼 수 있다. 코스피지수 또는 코스피200 등 인덱스를 추종하도록 고안된 펀드를 '인덱스펀드'라 하고, 지수 대비 초과수익을 목표로 펀드매니저가 종목을 선택하여 운용하는 펀드를 '액티브펀드'라 한다. 운용 목표에서부터 인덱스펀드는 지수를 추종하는 것에 만족하는 반면, 액티브펀드는 기준 지수보다 초과수익을 목표로 운용한다. 운용목표부터가 다르다. 목표가 다르다 보니 운용방식도 확연히 다르다. 인덱스펀드는 지수를 따라가기 위해 지수에 편입된 종목을 중심으로 담지만 액티브펀드는 어떻게든 지수보다 더 올라야 하기 때문에 펀드매니저가 편입 종목을 선정한다.

　　우리나라 주식시장의 과거자료를 통해 장기간 인덱스펀드 투자의 결과를 살펴보자. 1980년 1월 25일부터 2008년 12월 25일(종가는

1128)까지 만 29년 동안 매월 25일 월급날 10만 원씩을 노후자금 마련용으로 투자한 사람은 얼마의 돈을 손에 쥐었을까? 매월 10만 원씩 투자한 원금은 3,480만 원이지만 29년이 지난 후 1억 1,200백만 원을 손에 쥐었다는 결과가 나온다. 연복리수익률 7%에 해당한다. 만일 2007년 12월 25일까지 28년(종가는 1919.47)을 분석대상으로 했다면 투자 원금 3,360만 원이 1억 8,900만 원으로 불어나 연 복리수익률 9.36%의 수익률에 해당한다.

물론 배당수입이나 무상주 등을 제외한 연 복리수익률이다. 경험상 인덱스펀드는 주식시장이 횡보하거나 하락 시 액티브펀드보다 좋은 성과를 낸다. 또한 인덱스를 추종하는 만큼 펀드를 잘못 선택할 위험(동종 펀드 가입 시 내 펀드가 다른 펀드보다 못할 위험)이 적다. 액티브펀드는 수익률 격차가 매우 크기 때문에 어느 펀드가 더 좋을지 선택하기가 쉽지 않은데 비해 인덱스펀드는 마음 편하게 선택할 수 있다. 그리고 인덱스펀드는 수수료가 저렴하다는 장점으로 장기간 운용할 때 액티브펀드보다 우수한 성과를 가져올 수 있다고 알려져 있다. 우리나라 뮤추얼펀드의 역사가 오래되지 않았기에 액티브펀드와 인덱스펀드 사이의 장기간 수익률 격차에 대해서는 제대로 분석된 것이 없다. 오로지 미국 등 선진국의 자료를 통해 10~30년 장기투자 시 인덱스펀드가 액티브펀드보다 유리하다는 실증결과를 내고 있다. 미국의 경우 장기투자 시 70% 이상의 뮤추얼펀드가 시장지수를 따라가지 못한다는 연구결과 자료가 있으니 말이다.

그런데 우리나라에서 액티브펀드와 코스피지수 간의 수익률을 비교해보면 아직까지 인덱스펀드가 장기투자 시 월등한지에 대한 의문점이 있다. 나는 SC제일은행에서 판매되어 5년의 트랙레코드(track record, 투자 실적)가 있는 우리나라 액티브펀드와 코스피지수, 코스피200지수의 5년간 운용수익률을 높은 순서에 따라 나열해보았다.(나열한 액티브펀드는 신영미라클을 제외하고 SC제일은행에서 판매되는 모든 국내 주식형 펀드 중 5년의 트랙레코드가 있는 펀드다.) 주식의 상승과 하락, 회복국면이 포함된 5년간 자료에서 액티브펀드의 성과는 예상 밖으로 매우 놀라웠다. 인덱스의 2배 이상 수익을 거둔 액티브펀드도 있었다. 이론상 장기적으로 인덱스펀드가 더 수익을 낸다는 말이 정설로 받아들여지고 있다. 하지만 아직 투자문화가 성숙하지 못한 우리나라에서는 액티브펀드가 수익을 더 낼 가능성이 높은 환경이라고 나는 생각한다. 물론 우리나라도 점점 인덱스펀드가 액티브펀드보다 훨씬 나아지는 방향으로 합리적인 시장으로 변화하겠지만 말이다. 따라서 투자를 할 때 펀드를 잘 선택하는 것이 중요한 이슈가 될 수 있다. 주식형펀드를 잘 선택하면 인덱스보다 훨씬 좋은 수익을 낼 가능성이 높기 때문이다.

2009년 9월30일 현재 과거 실제 누적수익률 요약 (단위: %)

펀드 명	1년	3년	5년
미래에셋디스커버리주식형	22.04	62.67	249.6
한국골드적립삼성주식C	36.63	60.73	217.08
신영마라톤증권투자신탁A	23.13	50.42	210.03
미래에셋인디펜던스주식형	20.28	41.89	192.41

마이다스액티브주식C1	25.49	41.05	163.09
한화골드코스피50C1	23.13	43.99	156.5
마이다스커버드콜주식A1	29.89	48.1	153.32
삼성팀파워90주식형	33.09	53.07	146.34
PCA베스트그로쓰주식A1	25.44	34.28	135.05
엄브렐러 나폴레옹주식A	19.07	33.16	120.5
미래3억배당주식적립	15.89	18.84	119.76
마이다스블루칩배당주식형	19.09	36.78	114.59
템플턴골드그로스주식형펀드	25.45	39.52	113.03
푸르덴셜나폴레옹주식1호	15.46	24.75	105.39
KOSPI200	17.75	23.42	104.06
KOSPI	15.5	22	100.4
삼성골드장기주식형	11.91	22.79	98.69
슈로더코리아알파주식	12.28	13.47	94.83

위의 펀드들 중에서 5년 누적수익률이 가장 높은 미래에셋 디스커버리 제1호 펀드와 코스피인덱스간의 수익률을 살펴보자. 2001년 7월 6일 설정이후 시간이 지남에 따라 둘 간 격차가 점점 벌어지는 것을 볼 수 있고, 동 펀드는 만 8년이 갓 지난 시점에서 700% 가 넘는 고성장을 했다는 사실을 주목할 필요가 있다. 코스피지수는 고작 166% 올랐는데 말이다. 그럴 수 있는 근거는 펀드매니저가 우량주를 싸게 사서 비싸게 팔면서 매매이익을 펀드에 꾸준하게 쌓아나갔기 때문이다. 정말 놀랍지 않은가? 이것이 펀드의 힘이다.

거치식 펀드와 코스피 인덱스 수익률 비교

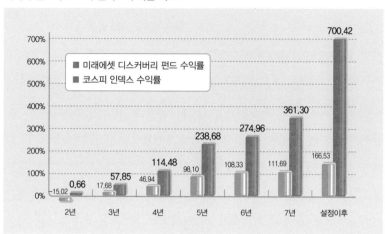

(출처: 제로인 APEX, 수익률 기준일 2009. 08. 31, 세전수익)

272

나의 돈 관리 성적표는?
나의 부자지수는?

나의 돈 관리 성적표는?

　　재정상태표는 특정 시점, 개인의 재산현황과 부채현황을 일목요연하게 나타낸 시트를 말한다. 회계용어로는 대차대조표라 하는데, 왼쪽에는 자산을 기재하고 오른쪽에는 자산을 구입하는 데 소요된 자금의 조달 방법에 따라 남의 돈(부채)과 자기 돈(자본)을 표시한다. 즉 '자산=부채+자본'이라는 공식이 나온다. 내가 5년 동안 활용한 돈 관리 시스템의 핵심은 바로 이 재정상태표에 있다.

　　매일 소비하는 지출에 대한 영수증을 관리하는 것보다 더 중요한 것이 재정상태표에 존재한다. 현재 당신의 재정 성적표가 바로 재정상태표이기 때문이다. 기업회계를 다년간 경험해본 나는 재정 상담을 할 때 무조건 재정상태표를 먼저 작성한다. 그 사람의 성적을 알아야 어떤 상담이든 가능하기 때문이다. 재정상태를 살펴보면 그 사람이 살아온

과정을 한눈에 볼 수 있고 취약점과 개선점을 알 수 있다. 월급이 많다고 재정상태가 양호한 것도 아니고, 적다고 해서 재정상태가 불량한 것도 아니다. 그 사람의 돈벌이, 씀씀이, 돈 관리 성적 등 모든 것을 합쳐서 평가하는 것이 재정상태표이다.

자산이란 향후 경제적 현금흐름을 창출할 수 있는 가능성이 있는 효익效益을 의미한다. 자산은 수익을 창출할 수 있어야 진정한 자산이라 볼 수 있다. 즉, 자산은 끊임없이 현금흐름을 창출하는 것으로써 (+)현금흐름을 통해 다시 자산의 확대재생산이 가능해진다.

자산에는 보이는 자산(유형자산)과 보이지 않는 자산(무형자산)이 있다. 유형자산은 실제로 가치평가가 가능한 자산을 의미한다. 예를 들어, 주택이나 자동차, 예금, 보험 등 화폐로 가치화할 수 있는 것들이다. 무형자산이란 그 사람이 쌓아놓은 명성, 평판, 향후 수입 가능성, 브랜드 등을 뜻한다.

자산의 의미를 알았다면, 이제 자산 리스트를 작성해보자. 당신이 보유하고 있는 자산 가치가 있는 것을 금융자산과 부동산, 기타자산으로 나누어 나열하고, 현재 시세로 평가하여 총자산의 합계를 구해보자. 예금은 원금으로 평가하고 펀드 또는 주식, 주택 등은 재산목록을 작성할 시점에서 그 재산을 매도할 때 얻을 수 있는 시세를 기준으로 해서 적으면 된다. 브랜드 가치, 평판, 보장성보험의 보장가치 등 무형자산의 가치는 편의상 생략한다. 다음의 예시를 바탕으로 당신의 자산 리스트를 작성해보라.

자산 리스트

(단위: 만 원)

자산		금액
금융자산	예금	300
	펀드	300
	보험	200
	채권	200
	주식	200
금융자산 소계		1,200
	주택	27,000
	차량	800
	대여금	1,000
부동산과 기타자산 소계		28,800
총자산		30,000

　자산은 (+)현금흐름인 수입이 쌓여서 만들어진다. 매달 월급(수입+현금흐름)이 들어오면 소비를 한 후에 잔액이 차곡차곡 쌓인다면, 그것이 금융자산이 된다. 금융자산이 쌓이다 보면 주택이나 기타 부동산을 구입할 수 있는 기회가 생긴다. 이는 부동산 자산이 된다. 이러한 자산은 보유하고 있으면 (+)현금흐름인 수입을 창출하게 되는데, 금융자산을 보유하면 이자수입 또는 배당수입, 주식처분수입 등이 발생하고, 부동산자산을 보유하면 임대료수입 등이 발생하여 자산을 통해 다시 현금수입을 창출할 수 있다. 자산에서 (+)현금흐름이 만족스러울 정도로 나온다면 그 자산은 좋은 자산이다. 그런데 자산에서 만족스러운 현금흐름이 나오지 않거나 수익이 나지 않는 자산이라면, 또는 (-)현금흐름을 만들어낸다면 나쁜 자산이 된다. 좋은 자산인지 나쁜 자산인지 따져보는

것은 자산을 어떻게 활용하느냐에 따라 달라질 수 있다. 당장 눈에 보이는 현금흐름은 없을지언정 자신의 무형자산 가치를 높이기 위해 또는 다른 수입의 가능성을 증대시키기 위해 보유하는 자산을 나쁜 자산으로 치부해버릴 수 없기 때문이다.

가령, A라는 사람이 1억 원짜리 골프회원권을 갖고 있다고 하자. 그 사람이 골프회원권으로 비즈니스를 성사시켜 수입 창출의 기회로 잘 활용한다거나 아니면 본인의 안식을 취하여 또 다른 수입원을 만들어낼 수 있다면 그 골프회원권은 그 사람에게는 좋은 자산이다. 그러나 골프회원권을 전혀 활용하지 못한다면 그 자산은 무수익 자산이고, 오히려 기회비용을 발생시키는 악성 자산이 돼버린다. 만일 골프회원권에 투자한 현금 1억 원을 은행에 넣어두었다면 오히려 400만 원 정도의 이자수입을 기대할 수 있다.

따라서 자산의 보유 여부를 판단할 때는 현금흐름을 만들어낼 가능성과 기회비용 요소를 정확히 판단하여 보유할지 매각할지 의사결정을 해야 한다. 사실 알짜 자산을 많이 만들어내는 것이야말로 돈을 버는 일이다. 알짜 자산만을 보유한다면 알짜 자산에서 (+)현금흐름이 생기고, 이 (+)현금흐름이 쌓여 자산을 만드는 선순환의 흐름을 만들 수 있다.

많은 사람들이 미래에 돈이 되지 않는 자산임에도 불구하고 체면치레나 당장의 만족을 위해 수익이 나지 않는 자산을 보유한다. 만일 당신이 자동차나 현재의 만족을 위해 소비재를 구매하는 데 1억 원을 투자한다면, 30년 후의 17억 원을 포기하는 것과 같다. 지금 당장 당신의 자산 중에서 기회비용을 발생시키는 것은 없는지 살펴보기 바란다.

"나는 자산이 없습니다. 그래서 (+)현금흐름을 내기가 어려워요!"라고 말하는 사람들이 있을지 모른다. 이는 자산의 정의를 잘못 이해하고 있는 것이다. 자산은 누구에게나 있다. 만일 자산이 없다면 맨발로 일어선 정주영 명예회장 같은 사람이 우리나라에서 나올 수 없었다. 가장 훌륭한 자산은 자신의 몸, 바로 인적 자산이다.(물론 이러한 인적자산의 가치를 개인 재정상태표에 표시하기란 쉽지 않다.) 인적 자산을 활용해서 월급을 받고, 사업 수입을 버는 등 소득을 창출하고 있다. 만일 당신의 연봉이 5,000만 원이라면 현재 10억 원의 정기예금을 갖고 있는 것이나 마찬가지이다. 왜냐하면 10억 원의 정기예금에서 나오는 소득이 매년 벌어들이는 5,000만 원의 연봉 정도이기 때문이다. 그만큼 자신의 가치에 대해 자부심을 가져도 된다. 누구에게나 자산은 있다.

(+)현금흐름(수입)과 재산의 관계

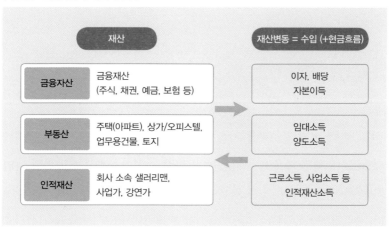

재테크의 목적은 (+)현금흐름을 통해 자산을 꾸준히 창출하여 미래의 (+)현금흐름을 만드는 데 있다. 그런데 문제는 삶이라는 현실이 공식처럼 딱 떨어지지 않기에 자산 만들기가 그리 쉽지 않다. 좀더 빨리 자산을 갖기 원하는 사람은 미래의 (+)현금을 모은 다음에는 자산을 만들만큼 시간이 없다고 생각한다. 그래서 (+)현금을 기다리지 못하고 부채를 당겨쓴다.

예를 들어 한 40대 가장이 수중에 집을 마련할만한 충분한 돈이 없지만 내 집을 갖고자 한다면, 그때 그가 활용할 수 있는 것이 부채(빚)다. 앞서 예를 들었던 재정상태표에서 총자산이 3억 원인데 자산 중에서 남의 돈인 부채 2억 원을 조달했다면 다음과 같은 재정상태를 그려볼 수 있다.

재정상태표 (단위: 원)

자산 3억	부채(빚) 2억
	순자산(자본) 1억
총자산 3억	**부채 + 순자산 3억**

그런데 여기서 부채를 사용하는 데에는 대가가 있다. 즉, 그 부채가 대출금이었다면 대출이자 비용이 바로 그것이다. 부채를 사용하면 당연히 비용이 발생한다. 좋은 자산이 (+)현금흐름을 만든다면 부채는 언제나 (-)현금흐름을 가져온다. 그리고 부채는 자산 또는 미래의 (+)현금흐름과 연동된다. 돈을 아무한테나 빌려주지 않는다. 보이는 자산을 담보

로 하든지 보이지 않는 미래 소득 흐름을 믿고 신용으로 빌려주는 것이다. 즉, 부채는 보이든지 보이지 않든지 자산을 담보로 발생한다.

이제, 부채 리스트를 작성해보고 순자산을 보자. 재산을 얻기 위해 자신이 끌어다 쓴 남의 돈 리스트를 적어보는 것이다. 신용카드 할부 잔액까지 빠짐없이 적는다.

부채 리스트 (단위: 원)

부채	
주택담보대출	150,000,000
자동차할부 잔액	2,000,000
마이너스 · 신용대출	38,000,000
신용카드 미지급금	10,000,000
부채 소계	− 200,000,000

자산총액에서 부채 총액을 공제하면 실질적인 내 재산, 즉 순자산이 나온다. 실행에서 주어진 대로 재정상태표를 반드시 작성해보자. 당신의 현재 재정상태를 직시하는 것에서부터 새로운 변화가 온다.

2010년 12월 31일 현재

자산		금액	부채 및 자본	금액
금융자산	예금	300만 원	부채	
	펀드	300만 원	주택담보대출	1억 5,000만 원
	보험	200만 원	자동차할부 잔액	200만 원
	채권	200만 원	마이너스 · 신용대출	3,800만 원
	주식	200만 원	신용카드 미지급금	1,000만 원
금융자산 소계		1,200만 원	부채 소계	2억 원

	주택 차량 대여금	2억 7,000만 원 800만 원 1,000만 원	순자산	1억 원
부동산 및 기타 자산 소계		2억 8,800만 원		
총자산		3억 원	부채 및 자본	3억 원

현금흐름표

이제 현금흐름 표를 알아보자. 당신은 돈을 번다. 돈을 버는 것을 수입이라고 한다. 수입은 인적 재산, 금융, 부동산 재산 등 자산에서 발생한다. 수입에서 우리는 지출을 한다. 생활비 또는 부채 사용에 따른 비용 등을 지출하는 것이다.

2010년 한 해 동안 다음과 같이 수입을 각 항목별로 지출했다고 가정하자. 즉, 월급과 임대소득, 금융소득 등으로 4,000만 원을 벌고 생활비 등으로 3,700만 원을 쓰고 나머지 300만 원을 통장에 남겼다. 일 년 동안 수입 중에서 남은 돈, 즉 저축 가능한 돈은 300만 원이고, 그 300만 원은 고스란히 2010년 말 재정상태표에서 자산을 증가시킨다. 소득을 통해 재산이 증가하고 수익성 있는 재산의 증가는 다시 소득을 창출하는 것이다.

2010년 말 재정상태표

자산 3억 원 자산의 증가 300만 원	부채(빚) 2억 원
	순자산(자본) 1억 300만 원
총자산 3억 300만 원	부채+순자산 3억 300만 원

2010년 수입 지출 흐름

수입(+) 현금흐름	
• 월급	3,500만 원
• 금융소득	300만 원
• 임대소득	200만 원
수입(+) 현금흐름 소계	4,000만 원
비용(−) 현금흐름	
• 생활비	1,500만 원
• 대출 원리금	1,800만 원
• 자녀교육비 등	400만 원
비용(−) 현금흐름 소계	3,700만 원
수입 − 비용 = 자산 증가	300만 원

나의 부자지수는?

    당신이 지금까지 돈 관리를 회피해왔다면 지금 이 순간부터는 달라질 필요가 있다. 우리가 우리 몸을 아끼며 정기적인 건강검진을 받듯이, 돈 문제에 대해서도 현재 내가 가진 재산 상태를 파악하고 문제점을 진단하는 것이 필수다.

    재정상태표와 현금흐름표를 작성하지 않았다면 먼저 백지 위에 당신의 재산목록과 빚 목록을 나열해서 당신의 순자산이 얼마인지 계산해보라. 그리고 대략적으로라도 당신의 수입과 지출에 해당하는 현금흐름을 계산해보라. 당신의 재정상태가 건전한지 아닌지는 철저하게 당신의 순자산이 얼마인지에 따라 달라진다. 자산에서 부채를 차감한 순자산이 많은 사람이 바로 부자라고 할 수 있다.

    이제 당신의 재정 성적이 어느 정도인지 평가해보도록 하겠다. 다음

물음에 답을 적어보라.

1. 당신의 순자산은 얼마인가?

_____

2. 당신의 나이 × 연간 총수입(세금공제 전)은 얼마인가?

_____

   연봉이 4,000만 원이고 순자산이 1억 원인 40세 가장을 예를 들어
보자. 그렇다면 2번에서 나온 수치를 10으로 나눈 금액은 1억 6,000만
원이 된다. (40세 × 4,000만 원 ÷ 10 = 1.6억 원) 그런데 그의 순자산은 1억
원이다. 1억 6,000만 원에 미달한다. 그는 나이에 비해 적은 순자산을
갖고 있음을 의미한다. 최소 1억 6,000만 원 이상을 보유하고 있어야 그
는 돈 관리가 제대로 되고 있다고 할 수 있는데, 현재 수입과 그의 나이
에 비해 순자산이 많지 않다는 의미이다. 그가 지금처럼 돈 관리를 해나
간다면 그는 부자가 될 가능성이 매우 희박하다. 즉, 수입에 비해 소비
수준이 높아 지출관리가 되지 않는다는 것이고, 나이에 비해 재산을 많
이 모으지 못했다는 것이다.
   나이가 젊을수록, 수입이 높을수록 부자가 될 가능성이 크다. 하지
만 주어진 수입에 비해 소비 수준이 높다면 순자산을 증대시키기 어렵
다. 겉모습만 그럴싸하고 총자산과 수입이 나이에 비해 많지만 속빈 강
정인 경우를 왕왕 본다. 부모와 주변 친척들은 그런 사람들이 잘 사는

줄 착각한다. 이처럼 과소비와 향락에 젖어 재산에서 빚을 뺀 실질 재산이 거의 없는 사람들은 돈이 그들을 지배해버려 대출과 할부금융, 신용카드로 젊은 부자 행세를 한다. 하지만 결국에는 파국으로 치닫고 만다.

다음의 표는 수입과 나이별로 다양한 재정상태를 정리한 것이다.

	A	B	C	D
Ⅰ. 순자산액	5,000만 원	3,000만 원	4억 원	4억 원
Ⅱ. 나이	25세	30세	35세	50세
Ⅲ. 총수입	2,500만 원	2,500만 원	4,000만 원	5,000만 원
부자지수 = Ⅰ×10/(Ⅱ×Ⅲ)	0.8	0.40	2.85	1.6

A와 B의 경우에는 나이와 수입에 비해 현재 보유하고 있는 순자산액수가 적다. 수입에 비해 지출이 많고 자산화시키는 노력이 부족하다고 할 수 있다. 현재와 같은 소비습관이 지속된다면 향후 부자가 될 가능성은 크지 않다. 특히 0.5 미만인 B의 경우에는 재정상태가 매우 심각하다는 것을 알 수 있다. 나이가 30세이고 매년마다 총수입이 2,500만 원인데도 순자산이 고작 3,000만 원뿐이니 방만한 돈 관리의 전형이라고 할 수 있다. 반면에 C는 현재 자신의 나이와 수입에 비해 순자산액이 매우 커서 부자지수가 1.0을 훨씬 넘어 3.0에 가깝다. 이는 지출수준이 적고 돈 관리를 매우 잘하고 있는 것이다. D도 1.0을 넘어서 무난한 돈 관리를 하고 있다고 볼 수 있다.

부자지수

0.5 이하	1.0	2.0 이하	2.0 이상
돈 관리에 문제가 크다. 소비와 빚 관리 필요.	평균 수준의 수입지출 관리. 노후자금이 부족할 가능성 존재.	잘하는 편에 해당함. 평균이상의 지출과 소득 관리수준.	돈 관리를 아주 잘함. 나이에 비해 양호한 돈 관리 능력과 재정상태 소유.

당신의 부자지수는 얼마인가? 2.0을 넘어서 앞서가고 있는가, 아니면 0.5에도 못 미쳐 미래를 예약하지 못하고 있는가? 부자지수가 1에 미치지 못한 사람들은 투자방법을 모색하기 전에 지출을 철저히 통제하는 알뜰한 생활습관을 갖는 것이 우선이다.

당신의 재정 성적표를 본 소감은 어떤가? 당신의 재정상태 속에서 곪고 있는 문제들이 이제 보이는가? '이만큼 안 쓰고 살 수 있나? 어떻게 되겠지!', '이 정도면 절약하고 사는 거지.' 이런 생각으로 자신의 재정상태가 극도로 악화될 때까지 방관 또는 자만하고 있다가는 아주 큰 재정적인 고통을 당할 수 있다. 내가 만들지 않은 인생이 없듯이 원인 없는 결과는 없다.

"현재 운행하는 차량은 당신의 재산 상태에 적당한가? 당신은 남들을 좇아 분에 넘치는 자녀교육비 지출을 하고 있지는 않은가? 당신은 매달 저축은 50만 원도 하지 못하면서 특별상여금과 할부금융을 활용하여 중형차를 구입하지는 않았는가?" 만약 이러한 질문에 고개를 끄덕인다면 당신은 예산을 짜고 지출을 통제할 필요가 있다.

당신은 지출예산에 맞춰 생활하는 것이 돈의 노예가 되는 것이라고 생각하는가? 예산을 짜는 목적은 덧없는 순간적인 욕망을 애초부터 없애고, 꼭 필요한 곳에만 돈을 지출하게 관리하기 위함이다. 요즘 40대 분들을 만나면 자녀학원비와 전세금 마련 등으로 등골이 휜다는 말을 종종 듣는다. 나는 종종 그분들에게 지금 당장은 폼 나지 않지만 전세금을 약간 줄여서 투자하라고 다음과 같이 권한다.

"만일 당신이 가지고 있는 자금 2억 원을 모두 전세자금으로 묶히지 말고 1억 5,000만 원짜리 전세로 줄이고, 5,000만 원을 뮤추얼펀드에 투자한다면 당장은 체면이 서지 않는다 하더라도 30년 후에는 8억 5,000만 원이라는 큰돈을 갖게 됩니다.(연복리 10% 가정)"